O anjo como mestre interior

Dados Internacionais de Catalogação na Publicação (CIP)
(Câmara Brasileira do Livro, SP, Brasil)

Leloup, Jean-Yves
    O anjo como mestre interior / Jean-Yves Leloup ; tradução e transcrição do retiro : Isabel Sales Henriques ; tradução e revisão : Karin Andrea de Guise. 3. ed. – Petrópolis, RJ : Vozes, 2012.

    1ª reimpressão, 2025.

    ISBN 978-85-326-3953-0
    1. Anjos 2. Anjos – Culto I. Título. II. Série.

09-12031   CDD-202.15

Índices para catálogo sistemático:
1. Anjos : Cristianismo   202.15

Jean-Yves Leloup

O anjo como mestre interior

Tradução e transcrição do retiro: Isabel Sales Henriques
Tradução e revisão: Karin Andrea de Guise

Petrópolis

© 2010, Editora Vozes Ltda.
Rua Frei Luís, 100
25689-900 Petrópolis, RJ
www.vozes.com.br
Brasil

Todos os direitos reservados. Nenhuma parte desta obra poderá ser reproduzida ou transmitida por qualquer forma e/ou quaisquer meios (eletrônico ou mecânico, incluindo fotocópia e gravação) ou arquivada em qualquer sistema ou banco de dados sem permissão escrita da editora.

CONSELHO EDITORIAL

Diretor
Volney J. Berkenbrock

Editores
Aline dos Santos Carneiro
Edrian Josué Pasini
Marilac Loraine Oleniki
Welder Lancieri Marchini

Conselheiros
Elói Dionísio Piva
Francisco Morás
Teobaldo Heidemann
Thiago Alexandre Hayakawa

Secretário executivo
Leonardo A.R.T. dos Santos

PRODUÇÃO EDITORIAL

Anna Catharina Miranda
Eric Parrot
Marcelo Telles
Mirela de Oliveira
Natália França
Priscilla A.F. Alves
Rafael de Oliveira
Samuel Rezende
Verônica M. Guedes

Editoração: Frei Leonardo A.R.T. dos Santos
Projeto gráfico: AG.SR Desenv. Gráfico
Capa: Omar Santos
Ilustrações: Mariana Belchior

ISBN 978-85-326-3953-0

Este livro foi composto e impresso pela Editora Vozes Ltda.

Sumário

Introdução, 7

I O Mestre, 13
   À escuta do Mestre, 15
   Inconsciente cósmico e inconsciente angélico, 25
   Arquétipo da Síntese, 29
   Questões, 37

II Anjos, 63
   À escuta dos anjos, 65
   Os anjos nos textos bíblicos, 69
       Abraão e os três anjos, 69
       Tobias, o cão e o anjo, 75
       Jacó e o anjo, 83
       Elias e o anjo, 86
       Jó e o anjo negro, 91
       Moisés e a sarça ardente, 95
   Diálogo com os anjos, 111
   Questões, 123

Introdução

Meditação é a ação do silêncio.

Krishnamurti

Não estamos aqui para desenvolver nossos saberes ou acumular conhecimentos, mas, antes de tudo, para desenvolver uma escuta, uma atenção à presença que nos habita e nos conduz.

Quem é o meu mestre? O mestre do meu desejo, dos meus pensamentos, daquilo que está na origem dos meus atos?

Antes de falar dos anjos ou do mestre interior, iremos nos debruçar sobre algumas abordagens psicológicas. Também será importante respeitar a abordagem transdisciplinar, não apenas através da psicologia, mas também da história e da filosofia das religiões: como é que as grandes tradições espirituais da humanidade nos falam do mestre interior? Teremos que interrogar, sobre este tema, várias tradições e os textos bíblicos antes de escutar também o *Diálogos com o anjo*[1]. Trata-se, portanto, de conjugar a tradição e a Modernidade, a abordagem científica e a abordagem mística ou espiritual.

Isto nos chama a atenção para a necessidade de cada um de nós fazer a ponte entre o material e o espiritual, o interior e o exterior, o

---

1. Livro escrito por Gitta Mallasz, que relata os diálogos e mensagens resultantes de encontros com um anjo durante a 2ª Guerra Mundial [N.T.].

criado e o incriado. Essa é uma das missões do ser humano: a integração do material e do espiritual. Nós não somos nem anjos nem animais, mas em nós coexistem os dois; trata-se de respeitar tanto um como outro.

As árvores que nos rodeiam são importantes, o bom-senso delas precisa ser reencontrado: profundamente enraizadas na matéria, crescem em direção à luz. Essa é a Árvore da Vida, a seiva é o vivente em nós, ela desloca-se simultaneamente na direção das raízes e na direção dos ramos mais altos. Mais uma vez se trata de manter unidos os dois extremos, o céu e a terra. A terra está voltada para o céu e o céu para a terra.

Este é também um pensamento de Lao-Tsé. Nós não estamos aqui numa igreja em particular – nunca direi aquilo que devemos pensar, mas sempre direi que devemos pensar. Não direi o que é bom ou o que é ruim, mas pedirei para ficarem à escuta daquilo que os faz mais felizes, mais inteligentes, mais livres e também daquilo que os faz menos felizes, que os faz estúpidos ou que os aliena. Essa é a única questão. Qualquer que seja o ensinamento que tenhamos recebido, quaisquer que sejam os mestres interiores ou exteriores que nos falem, quaisquer que sejam as igrejas ou as associações em que participemos, teremos de levantar incessantemente a questão: será que tudo isto me torna mais inteligente, mais vivo, mais livre? Se assim não for, não vale a pena...

O nosso encontro com o mestre interior não acontecerá apenas nos momentos de estudo, poderá dar-se também na natureza enquanto caminhamos ou simplesmente estando imóveis olhando para a paisagem. Pode acontecer também no segredo do nosso quarto, no silêncio...

Quando digo para irmos ao encontro do silêncio, não estou falando do silêncio dos colégios internos, falo do silêncio que é uma espécie de luxo, a condição para a escuta. Escutar em nós o que é agradável, mas também o que é desagradável. O silêncio não é fácil, ele é como um espelho. Há em nós o barulho de todos os nossos pensamentos, o barulho de todos os nossos julgamentos; no silêncio podemos observá-los com mais facilidade e é por esta razão que os antigos chineses chamavam os seus mosteiros de "observatórios".

Estamos em um "observatório" e entramos nesse clima de observação sem julgamento, simplesmente olhando para o que é, porque é através daquilo que é, no momento presente, que "Aquele que É" nos pode ensinar...

Os anjos do silêncio não têm a trombeta diante da boca, mas diante do ouvido, é como se toda a energia que nós despendemos pela palavra estivesse, de agora em diante, fixada no ouvido.

No entanto, estar em silêncio é ouvir ainda mais barulho. Ficamos muito sensíveis aos barulhos externos. Não se trata de nos opormos a eles ou de fugir deles, pois não faríamos mais do que reforçá-los, mas trata-se, antes, de os acolher.

O silêncio é um espaço infinito que os pode conter. Se pusermos um pouco de pó num copo de água, a água do copo fica perturbada. Mas se pusermos esse mesmo pó no oceano, o oceano não se perturba. A questão é: nosso coração é um copo de água ou um oceano? Será que o nosso silêncio é um copo de água ou um oceano?

Há os barulhos exteriores, mas também há os barulhos interiores: todas essas memórias que nos habitam, todos esses pensamentos que se repetem. Neste caso, também não se trata de os recusar ou de se opor a eles, mas de os deixar passar. Deixar passar aquilo que passa e regressar ao que permanece. Não precisamos "fazer silêncio", o silêncio está sempre presente. Trata-se de desentulhá-lo, senti-lo, quaisquer que sejam os entulhos que nos impeçam de o saborear. É como uma página em branco que continua sendo branca, não importam os escritos que possam lá inscrever-se; quer sejam garatujas ou escrituras sagradas, por baixo a página é sempre branca.

Escutar o silêncio é ir ao encontro da nossa verdadeira natureza, a nossa natureza imaculada. O claro silêncio é o nosso espírito quando ele não está atulhado de coisas; o claro amor é o nosso coração quando não está atulhado de coisas; o sopro tranquilo é o nosso corpo quando está liberto de todo o tipo de crispações e de tensões.

Trata-se de encontrar o nosso ponto C, o ponto da calma, o ponto da compaixão e o ponto da claridade. Hoje em dia conhecemos melhor o "ponto G" ou o "ponto com" (.com), mas é o ponto C que nós procuramos, esse lugar de calma e de silêncio no nosso interior, pois é aí que o mestre interior pode falar conosco.

Não estamos aqui para falar do mestre interior, mas para o encontrar e, para o encontrar, é necessário essa receptividade, essa atenção, esse silêncio...

Simplesmente, escutar o sopro que nos mantém vivos. A nossa vida não depende senão de um sopro, de um fio...

Esse sopro, esse fio estão ligados à fonte silenciosa do nosso ser e de todo o ser. Deixar ser aquilo que é e aquilo que está.

Respirar na sua presença...

Para o nosso bem-estar e o bem-estar de todos...

I
O Mestre

À escuta do Mestre

*Ter fé não é acreditar sem provas;
é confiar sem reservas.*

- Quem é o meu Mestre?
- Quem orienta os meus desejos e pensamentos?
- Quem tem autoridade sobre mim? Isso não quer dizer apenas quem me domina, mas quem me autoriza a ser eu mesmo.

Há quatro tipos de mestres:

1) o Mestre Essencial;
2) o mestre encarnado;
3) o mestre não encarnado ou invisível;
4) o Mestre Interior.

Mas não há senão um mestre que é a vida, o que vive, o vivente. É por esta razão que Jesus diz: "não chameis mestre a ninguém, só um é mestre" – só um nos dá a vida, a inteligência, a capacidade de amar. No entanto, esse Mestre Essencial, na sua bondade, pode revestir-se para nós de uma forma encarnada. A função desse mestre encarnado ou mestre exterior será a de despertar em nós o mestre interior, ou seja, a capacidade de escuta ou de atenção, que está sempre em ligação e em contato com o Mestre Essencial. Esse mestre encarnado pode ser uma pessoa humana que pertença a uma determinada tradição. A relação que temos com essa pessoa desperta em nós uma nova consciência e põe-nos em ligação com a própria fonte da Vida.

A grandeza de um mestre encarnado é o seu apagamento: ele não faz discípulos para si próprio, ele faz com que deixemos de ser vítimas da vida e passemos a ser discípulos da Vida...

Devemos nos lembrar que um animal ou uma árvore podem ser um mestre encarnado – por vezes são as árvores que nos devolvem o bom-senso, enraizadas na matéria e erguidas em direção à luz. Para alguns é a natureza que nos fala, que nos ensina, que manifesta o próprio dom da Vida.

Há também o mestre não encarnado, que para alguns poderá ser um antepassado, um espírito, uma entidade, como se costuma dizer. Nestes casos será fácil de perceber que é preciso haver certo discernimento. Hoje em dia está na moda aquilo que chamamos de "canalização" ou *channelling*. Mas quem fala por intermédio dessas pessoas?

Será que é a expressão do seu inconsciente pessoal, transgeracional ou coletivo?

Ou serão ainda outras dimensões do ser que se manifestam?

Nesses casos, devemos ficar à escuta e não receber toda e qualquer palavra que venha do invisível como se fosse revelação do Absoluto. A Vida nunca nos fala diretamente; ela passa sempre através de um ser relativo, de uma linguagem, de uma cultura e é importante saber distinguir as coisas. Dar a Deus aquilo que é de Deus e a quem canaliza aquilo que lhe pertence.

Nestas situações, a abordagem transdisciplinar pode nos ajudar a discernir. Nossa atitude geralmente é ou o fascínio ou o desprezo. Alguns ficam fascinados com estas vozes que vêm do além e outros rejeitam-nas completamente, dizendo que não passam de fantasias ou delírios. A nossa atitude não deveria ser nem o desprezo nem o fascínio, mas a observação e o discernimento. Às vezes, através de uma pessoa psiquicamente frágil, pode-nos ser transmitida uma palavra de verdade que não depende do seu estado psíquico.

Quais são, então, as inspirações que nos são propostas? Também devemos levantar esta mesma questão a propósito dos textos sagrados. Será que é mesmo Deus quem nos fala através do Corão ou da Bíblia? De onde vêm as diferentes contradições? Qual é a influência da época, da cultura de um povo?

Apesar desses condicionamentos, a inspiração pode vir de mais longe, de um lugar mais profundo... O papel de um texto sagrado é o de despertar em nós essa qualidade de escuta e consciência que nos mantém ligados ao Mestre Essencial, à fonte de tudo aquilo que vive e respira.

Entre os mestres não encarnados há ainda aqueles que podemos chamar de "anjos" que são certo nível de consciência que nos põe em relação com a própria fonte do Ser. Os anjos apresentam-se sempre como servidores. Como os verdadeiros mestres, eles não nos mantêm na sua dependência, eles nos ligam à própria fonte da Vida, despertam em nós o Mestre interior.

A verdadeira chave é o Mestre interior, ou seja, essa qualidade de escuta e de atenção que nos permite, a cada momento, sejam quais forem as circunstâncias da nossa vida, permanecer em conexão com o Mestre Essencial. Os mestres encarnados ou não encarnados são os auxiliares da Vida, para que, em certas circunstâncias da vida, nós nos recoloquemos no nosso eixo, nós regressemos ao nosso centro, para que se restabeleça em nós a ligação entre o nosso ser existencial e o nosso Ser Essencial.

Para que isso aconteça, devemos aprofundar nossos "cálices".

- O que há no fundo do cálice do nosso ventre?

Qual é a vida que aí vive?

Será uma vida mortal ou uma vida eterna?

- O que há no cálice do nosso coração?

Será um amor dependente das relações que nos envolvem ou uma qualidade de Amor Incondicional?

- E no fundo do cálice da nossa cabeça?

Alguns lampejos de compreensão ou uma clara luz?

O que existe no mais fundo de nós próprios?

Temos de penetrar profundamente no cálice, pois é aí que vamos encontrar os nossos diferentes mestres. Uma das maneiras de se fazer isso é meditando.

No primeiro nível, o que encontramos é o eu ou ego: o eu consciente com a sua razão e capacidade de análise. Para muitos, a razão é a mestra: seguem-na e observam o encadeamento das causas e dos efeitos. Ela não é má, só que, em certas ocasiões, descobrimos que há espaços em nós que a nossa razão desconhece: o não consciente, o inconsciente pessoal.

Algumas vezes o que eu faço escapa à minha consciência, ao controle da razão. As minhas reações acabam por ser aquelas que estão relacionadas com o que vivi na infância. São realidades que,

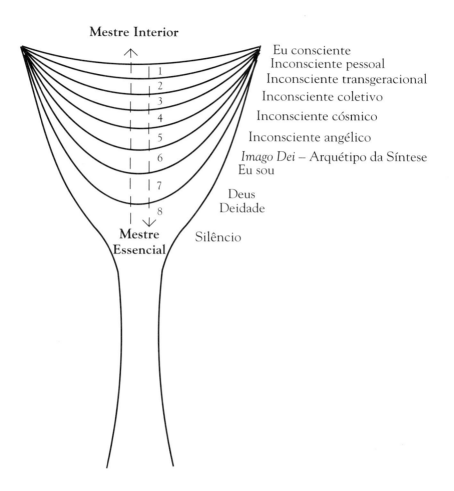

hoje em dia, conhecemos muito melhor: não existe apenas o eu consciente, mas há também o eu inconsciente.

Às vezes, esse inconsciente é o nosso mestre; isto significa que o mestre é o nosso passado. Em tais casos há certo número de mecanismos de repetição: repetimos aquilo que não foi vivido satisfatoriamente, ou que foi vivido de forma incompleta.

Quem é o meu mestre?

Nem sempre sou eu, o meu eu consciente – muitas vezes é também o meu inconsciente pessoal. Sou filho do meu pai e da minha mãe e de todas as alegrias e problemas que podem ter existido entre eles. De certo modo, eu sou o filho e o discípulo desse passado. Talvez fosse bom libertarmo-nos desse mestre, pois ele nos mantém prisioneiros da repetição.

Continuando a aprofundar o cálice, descobrimos um novo nível de realidade que podemos chamar o "inconsciente transgeracional". Não somos apenas filhos de nossos pais, mas de toda a linhagem que os antecede. Por vezes, aquilo que acontece em nossas vidas não está ligado ao inconsciente pessoal, mas vem de muito mais longe. Do mesmo modo como devemos aceitar os pais que temos – e isto nem sempre é fácil – trata-se também de aceitar a linhagem à qual pertencemos. Tudo aquilo que não foi aceito não pode ser transformado, não pode ser ultrapassado.

Nas tradições antigas insistia-se muito neste aspecto do respeito pelos antepassados. Às vezes o nosso mestre pode ser um antepassado, um espírito que pertença à nossa família e que pode nos guiar e falar interiormente.

Neste caso, mais uma vez, a verdadeira questão é vermos se tal espírito nos mantém dependentes dele ou se nos liga à própria fonte do Ser. Será que é um servidor da nossa evolução ou é algo que nos impede de avançar? Devemos usar nosso discernimento quando nos colocamos à escuta da voz dos antepassados.

É importante que aceitemos pertencer a uma linhagem, a uma família. No entanto, a herança nem sempre é fácil. Como poderemos aceitá-la sem sermos apenas herdeiros? Saber que existe também a nossa parte de criatividade. Para que isso se dê pode ser necessário apelar para uma outra dimensão da nossa existência que não tenha sido completamente determinada pela nossa infância e pela herança que recebemos no código genético.

Temos, portanto, de escavar mais fundo e descobrir o inconsciente coletivo. O nosso pertencimento, não apenas a uma família, mas também a um povo, a uma cultura, a uma civilização com todos os seus registros simbólicos e seus valores.

O que tem valor em determinada cultura pode não ter o mesmo valor em outra. Por exemplo, a forma de acompanhar as pessoas na fase terminal da vida depende, muitas vezes, do nosso inconsciente cultural e coletivo. Quando uma cultura diz: "enquanto houver vida, haverá esperança", uma outra dirá: "enquanto houver vida, haverá sofrimento" ou "enquanto houver vida, haverá ilusão". Todas as afirmações são verdadeiras – mas a ênfase dada é diferente.

O inconsciente coletivo é também o mundo dos arquétipos, das grandes imagens que nos habitam: as imagens de Deus, do cosmos, as imagens do homem, da mulher e do casal. Tudo isso constitui uma herança que modela, de dentro para fora, a nossa consciência. Por vezes, nas nossas meditações, entramos em contato com este inconsciente coletivo, como nos nossos sonhos, e podemos ser guiados a partir daí.

Os grandes líderes carismáticos muitas vezes falam ao inconsciente coletivo das pessoas a quem se dirigem. Quando ouvimos, por exemplo, as coisas que Hitler dizia, vemos que, sob o ponto de vista da razão, essas coisas não fazem nenhum sentido. No entanto, homens e mulheres inteligentes, um povo inteiro, acabaram seguindo-o, pois ele conseguia manipular as grandes imagens que existem dentro de cada um de nós: mitos que fazem com que as pessoas, ao ouvirem essas palavras, inconscientemente se submetam, fazendo exatamente o contrário daquilo que fariam de uma maneira consciente.

Esse inconsciente coletivo também tem um papel importante nos fenômenos chamados de "conversão". Conheço um caso ocorrido num mosteiro tibetano, na França, onde algumas pessoas foram buscar refúgio no Buda, rejeitando completamente a tradição cristã na qual tinham vivido. Uma delas me dizia: "É curioso, porque durante a noite o que me aparece não são as divindades benfazejas ou malfazejas da tradição tibetana, mas são representações que pertencem à civilização cristã".

Este exemplo nos alerta para o fato de que é possível mudar de religião, mas não de inconsciente. O nosso inconsciente mantém-se ligado a uma determinada tradição, a uma determinada cultura. Isso não significa que o cristianismo e o budismo se excluam um ao outro. Pelo contrário, um budista pode ser muito aberto ao cristianismo ou um cristão ter grande interesse pelo budismo e até serem enriquecidos pela cultura um do outro. Mas, em se tratando do inconsciente, devemos aceitar a civilização à qual pertencemos.

Quem é o meu Mestre?

Não é apenas uma presença que pertence ao meu inconsciente transgeracional, mas pode também ser uma imagem ou um arquétipo que pertença ao inconsciente coletivo. Com relação aos textos sagrados, devemos interrogar-nos se é Deus quem fala através deles ou se é o inconsciente coletivo que se expressa. Há textos que são dirigidos a um determinado povo, em particular, que talvez não se dirijam a outros povos.

Gostaria de mencionar algumas passagens do Corão, pois perante algumas passagens é indispensável fazer a pergunta: "Será Deus quem está falando?"

Em uma das suratas está escrito que Deus manda o homem bater na sua mulher e fechá-la num armário se ela resistir: será que é mesmo Deus quem fala ou será que é um inconsciente pessoal? O inconsciente de Maomé, que é um filho órfão que teve algumas relações difíceis com as mulheres, ou será o inconsciente coletivo quem fala?

Para um muçulmano é evidente que essas são palavras de Deus... É necessário ver as consequências que isso poderá ter.

Cito um exemplo do Corão, mas poderia também citar o exemplo de certas passagens da Bíblia que serviram para justificar todos os tipos de inquisição.

Portanto, quando estivermos diante de um texto do qual se diga que não é palavra humana, é necessário lembrarmo-nos que é sempre uma palavra humana, pois ele sempre passa através de um canal humano e, mesmo que esse canal seja muito puro, ele deixa sempre a sua marca sobre essa inspiração que vem de mais longe.

Quando ouvimos vozes ou quando ouvimos pessoas que canalizam e que pertencem a esta ou àquela tradição e que estão na origem do recebimento de textos ditos "sagrados", é importante não esquecermos que tudo o que sabemos do Absoluto é sempre através de um ser relativo que nos fala e esta é sempre uma maneira relativa de falar do Absoluto.

Esta realidade deveria nos libertar de todo tipo de idolatria: de uma doutrina, de uma pessoa ou de um texto sagrado. Porque através desse texto sagrado é de fato Deus quem nos fala, mas por intermédio dos limites da pessoa que nos transmite essa palavra.

Inconsciente cósmico e inconsciente angélico

No olhar aberto que eu ponho nas coisas do alto,
há todo um amor à divindade.
No coração aberto que eu tenho para as coisas do alto,
há todo um amor ao mundo.
No espírito que eu tenho embebido das coisas do alto,
há toda uma compreensão.
Vinícius de Moraes

Se continuarmos a penetrar ainda mais profundamente no nosso cálice, rumo ao fundo, vamos encontrar o inconsciente cósmico. Poderíamos desenvolver e aprofundar todas as questões até agora abordadas. Nesse caso, encontraríamos várias disciplinas: a Psicanálise, a Psicologia junguiana profunda e, ao nível do inconsciente cósmico, encontraríamos as descobertas recentes na área da Física. Isso nos mostra que somos parte do universo – não estamos separados do nosso meio ambiente e é necessário tirar daí as consequências para a ecologia. O homem sofre as consequências de tudo aquilo que faz à Terra ou ao meio ambiente e tudo aquilo que se transforma no homem participa na transformação do universo.

Em certos momentos da meditação, sentimos que pertencemos à totalidade do universo e, a essa altura, o nosso mestre pode efetivamente ser a grande natureza que nos habita e na qual habitamos.

É este o sentido das sabedorias chinesas como o Tao, que chama a atenção para a importância de estarmos em harmonia com o cosmos. Estar à escuta do Mestre da Vida é estar à escuta de todos estes elementos do universo e estar em harmonia com tudo aquilo que acontece, quer isso nos agrade ou nos desagrade. Trata-se de ser um com o cosmos onde nos encontramos.

A realidade é uma, mas assume várias formas, diferentes densidades. Trata-se de explorar essas diferentes densidades, escutar seus diferentes níveis sem nos fecharmos em um único nível.

Este é, por vezes, o drama dos psicóticos que estão como que encerrados num único nível de consciência, nas grandes imagens ou nos arquétipos que os habitam – é como se a ligação com o mundo quotidiano e com o mundo espiritual ficasse cortada.

Como poderemos entrar nestes diferentes planos de consciência sem nos prendermos em nenhum deles?

Novamente escavando, ainda mais fundo.

Poderemos assim aceder àquilo a que chamamos o inconsciente angélico. Trata-se de um nível da realidade que não é simplesmente o cosmos, mas que é, por assim dizer, o arquétipo a partir do qual o cosmos é construído. É aquilo a que se chama o mundo imaginal que não é o mundo do imaginário ou da imaginação. É também o mundo das ideias de Platão. A imagem clássica é a do arquiteto que constrói uma casa segundo determinada quantidade de plantas. A casa pode ser destruída, mas as plantas permanecem e é possível construir uma nova casa a partir dessas plantas.

Alguns dirão que esse mundo das ideias, esse mundo dos arquétipos, é mais real do que o mundo da construção física. Penso que não se deve opor um ao outro, mas através de uma casa podemos perceber a inteligência do arquiteto e as plantas que tornaram possível a sua construção. Quando se olha para o universo pode também pressentir-se, por vezes, essa inteligência que opera na manifestação.

Este é um mundo intermediário, não é nem o mundo físico nem o mundo espiritual da clara luz – é o que faz a ligação entre os dois, entre a matéria e o espírito...

Arquétipo da Síntese

Que tristes os caminhos se não fosse a presença mágica das estrelas.

Mário Quintana

Se continuarmos a aprofundar o cálice, para além do inconsciente angélico, encontraremos aquilo a que poderemos chamar de *Imago Dei* – a Imagem de Deus ou o Arquétipo da Síntese. Aí encontramos o Homem-Deus ou o Deus-Homem a quem os anjos servem, na medida em que eles estão ao serviço dos planos superiores que os habitam. É o que chamamos de Arquétipo da Síntese, essa experiência que podemos fazer, em nós mesmos, da união do finito e do infinito, do eterno e do tempo, de Deus e do homem...

É uma verdadeira experiência do Cristo interior. O Mestre interior, para alguns de nós, pode ser esse Cristo interior. Aquele que se manifestou na história e no tempo e que se fez carne neste nível de realidade – Ele encarnou no espaço-tempo uma vida divino-humana.

As suas palavras são: "Onde está o 'Eu Sou', quero que vós estejais, que vós sejais também". A *Imago Dei* é o "Eu Sou" que está em nós. Jesus, na história, encarna a presença do "Eu sou". Ele nos convida a ir ao encontro do espírito deste "Eu Sou" e a agir a partir dessa presença em nós.

Mas então quem é o meu mestre?

Quem é que me conduz e me orienta? Para alguns de nós é esta fonte do "Eu Sou", mas Ele próprio dirá a respeito do "Eu Sou": "Aquele que crê em mim não é em mim que ele crê". Assim como o verdadeiro mestre, a sua grandeza está no seu apagamento. Um verdadeiro mestre não se apresenta nunca como um mestre, mas sempre, como um discípulo.

O próprio Jesus dirá: "Aquele que crê em mim, não é em mim que ele crê, mas naquele que me enviou". Jesus apresenta-se como um discípulo do Pai, que é a origem do Ser, do "Eu Sou", a origem de todos estes planos da realidade – neste caso poder-se-ia falar de Deus... Alguns dirão: o meu mestre é Deus, não há nenhum outro absoluto a não ser o Absoluto, mas isso ainda é uma imagem do Absoluto. Como dizia Mestre Eckhart: "o criador é uma concepção da criatura quando a criatura reflete sobre a sua origem, sobre a causa da sua existência e da existência do universo". Contudo, essa origem, ela própria se apaga, e nesse momento aproximamo-nos da experiência mística.

Nesta altura chegamos àquilo a que se pode chamar: o aberto, o fundo é sem fundo...

É aquilo a que Mestre Eckhart se refere quando diz que para além de Deus há a Deidade sobre a qual nada se pode dizer. Somos obrigados a entrar no silêncio, reencontramos a página em branco, o espaço no qual não é possível colocar nenhuma palavra. Colocar alguma palavra sobre essa realidade é limitá-la, é reduzi-la ao que podemos compreender sobre ela.

Em certas ocasiões da nossa experiência, todas as imagens, todas as representações que fazemos de Deus e do Absoluto se apagam. Não é nessa ocasião que perdemos a fé – nessa ocasião vamos para além das nossas crenças...

Esta experiência pode ser importante para o reencontro das religiões e das ciências. Se nos reunirmos em torno daquilo que sabemos de Deus ou da Origem que temos, não poderemos entender-nos, mas talvez possamos escutar-nos a propósito da origem que nos falta – sobre aquilo que uns e outros, em conjunto, não sabemos.

Partilhar não apenas nossos saberes, mas partilhar também os nossos não saberes – o Mestre desconhecido... O Mestre desconhecido que se dá a conhecer através de todos os mestres conhecidos.

Aí aproximamo-nos do fundo, do silêncio...

Aquilo que me parece importante lembrar é que o fundo, para vir ao nosso encontro, lá onde estamos, na nossa consciência e nos nossos pensamentos vulgares, precisa atravessar todos os planos de realidade a que nos referimos.

Por conseguinte, é preciso esvaziar o cálice, pois ele está cheio; para beber do fundo será necessário beber dos diferentes níveis. Pretender fazer a ligação com o fundo essencial, sem atravessar todos estes planos do ser, sem os aceitar, é correr o risco de cair numa ilusão.

E por que haveríamos de nos privar de todos estes níveis de realidade?

A realidade, sendo uma, manifesta-se de diversas formas.

Poderíamos dizer que o Mestre essencial é o fundo do Tudo. O Mestre Interior é a consciência na qual nos encontramos e que faz a ligação com o Mestre Essencial.

O papel do mestre exterior – por sua vez, um outro cálice que estabeleceu a ligação com o Mestre Essencial – é o de nos ajudar a fazer a ligação com esse Mestre Essencial. A sua função não é a de nos manter na sua dependência, mas a de nos ligar a Ele, ao próprio Ser.

De igual modo, a função do mestre invisível é a de despertar em nós o mestre interior para nos ligar ao Mestre Essencial.

No *Diálogo com os anjos*, uma coisa chamou a minha atenção: o fato de a ligação com o Mestre Essencial não implicar a destruição de todos os níveis de realidade nos quais nos encontramos, mas antes a sua abertura...

Não se trata de destruir o ego, uma vez que o ego é aquilo que nós somos, esse pacote de memórias que nos constitui: as memórias pessoais, transgeracionais, coletivas e cósmicas. É preciso não esquecer o que os cientistas nos dizem: carregamos no nosso corpo a memória do big-bang. Nós pertencemos ao cosmos porque há em nós antigas estrelas...

Não se trata de negar essa realidade, mas de nos abrirmos ao nosso duplo de luz, de restabelecer o contato com o fundo do cálice, com o fundo do nosso ser.

Não se trata, portanto, de destruir o eu, uma vez que não é matando a lagarta que a ajudamos a transformar-se em borboleta. Não é destruindo o nosso ego, a forma que despertamos para a consciência angélica que está em nós e nos aproxima da pura presença, mas é integrando todos esses planos do Ser.

No silêncio existem diferentes qualidades de consciência que se manifestam. É por esta razão que devemos aceitar que, durante os momentos de silêncio, pode haver coisas muito antigas que vêm à tona e que nem sempre são agradáveis. Por vezes surge aquilo que podemos chamar de "fantasmas", pessoas de quem nunca se falou nas nossas famílias, que pertencem ao transgeracional.

Pode ser ainda o inconsciente coletivo que se expressa em nós, fazendo-nos sentir uma grande tristeza, qual uma dor que nos atravessa. Essa dor pode não ter relação conosco, pode ser o estado da sociedade em que vivemos que sofre em nós. Nestes casos será bom lembrarmo-nos que existe, no nosso íntimo, algo de mais profundo. Não nos devemos fechar nesses estados de consciência, frequentemente muito poderosos, que nos podem levar à beira do desespero.

Outras vezes podemos sentir, em nossos corpos, o estado atual da terra. Podemos sofrer com as árvores, com o nosso meio ambiente que é tão maltratado... Não é loucura nem são assombrações, pode ser apenas o sinal de uma grande sensibilidade.

De novo, devemos fazer a pergunta: como não ser objeto desta sensibilidade, mas o seu sujeito? Como não permitir que sejamos objeto das circunstâncias, mas o seu sujeito, o "Eu Sou" que contém todos estes acontecimentos? Aí há essa voz interior que nos diz: lembra-te do ser que está em ti, do ser de luz, do ser de paz, do sujeito, da liberdade que está em ti... Trata-se de voltar, de novo, ao fundo...

Na superfície do oceano pode haver tempestades, mas o fundo está sempre calmo. Quando meditamos, atravessamos, por vezes, algumas tempestades que são diferentes para cada um. Para uns ela ocorre nas ideias, para outros será mais emocional, pode ser mais física, algo que dói no corpo. Nestes casos devemos pensar no "Eu Sou" que está no fundo da barca.

Isto nos lembra a passagem do Evangelho onde se descreve uma grande tempestade no Lago de Genesaré:

> Naqueles dias ele subiu com os seus discípulos a uma barca. Disse ele: "Passemos à outra margem do lago". E eles partiram.
>
> Durante a travessia, Jesus adormeceu. Desabou então uma tempestade de vento sobre o lago. A barca enchia-se de água, e eles se achavam em perigo.
>
> Aproximaram-se dele então e o despertaram com este grito: Mestre, Mestre! Nós estamos perecendo! Ele se levantou e ordenou aos ventos e à fúria da água que se acalmassem; e se acalmaram e logo veio a bonança. Perguntou-lhes, então: "Onde está a vossa fé?" Eles, cheios de respeito e de profunda admiração, diziam uns aos outros: "Quem é este, a quem os ventos e o mar obedecem?" (Lc 8,22-24).

Os discípulos ficam aflitos porque a embarcação está em risco de ser levada pelas ondas e pelo vento. O Evangelho diz que, durante esse tempo, Jesus dormia no fundo da barca, o "Eu Sou" dormia no fundo da barca... Os discípulos o acordam; Ele se levanta e respira. Os ventos, nesse mesmo instante, acalmam-se (cf. Mt 8,23-27 / Lc 8,22-24).

Talvez tenhamos de, como os discípulos, despertar em nós o "Eu Sou", a consciência de ser "Eu Sou". Pode ser que nesse sopro do ser, nessa grande respiração daquele que vive e nos atravessa, os nossos pensamentos e as nossas emoções se acalmem. Nada se destrói, nem os pensamentos, nem as emoções, nem a vida afetiva, mas tudo é reposto no eixo, tudo é reconectado com o fundo do Ser.

É esta a experiência que somos chamados a fazer.

A função do Mestre interior – que vem ao nosso encontro nos momentos em que estamos perturbados, quando nenhuma resposta vinda do exterior pode nos consolar – é a de nos ligar a essa presença interior que nos devolve ao nosso centro, nos recoloca no sopro profundo e nos reaproxima da presença d'Aquele que É, do puro "Eu Sou" que está em nós no fundo do cálice.

Muitas vezes, quando o cálice da cabeça e o cálice do coração estão cheios com todas as nossas escrituras muito santas e sagradas, deixamos de escutar o som claro e límpido que surge quando o cálice, a cabeça, o espírito, o corpo, o coração estão desobstruídos... Isso não significa que as escrituras sejam más, mas trata-se de manter o nosso espírito, o nosso coração e o nosso corpo livres.

Quaisquer que sejam as memórias que nos habitam, há este espaço, no nosso interior, através do qual o som do Ser pode ressoar, pode respirar...

Lembremo-nos da presença do "Eu Sou" no fundo...

Presença desse espaço simples e puro...

Permanecer e respirar nessa presença...

Para o nosso bem-estar e o bem-estar de todos...

Questões

> *Qual é a resposta?*
> *E nesse caso, qual é a pergunta?*
> Gertrude Stein

1) – Será que o senhor poderia dar as referências exatas sobre a passagem do Corão que foi mencionada?

– Trata-se da surata 4, versículos 3 e 34. O texto diz o seguinte:

> Desposai como vos aprouver, duas, três ou quatro mulheres. Os homens têm autoridade sobre as mulheres em virtude da preferência que Deus tem por eles e por causa das despesas que têm que suportar para as sustentar. Batei naquelas que temeis que vos sejam infiéis, ponde-as à parte, fechadas em armários e batei-lhes. Se elas forem submissas, não se zanguem mais com elas.
>
> Deus é elevado e grande.

Há no Corão muitas outras passagens, mas a questão que tínhamos levantado era: é realmente Deus quem fala deste modo? Ou será antes um ser humano, com uma determinada psicologia e proveniente de um contexto social e cultural especial? No entanto, para um muçulmano é, sem sombra de dúvida, Deus quem fala...

Conhecem-se as consequências que podem advir quando se segue um texto literalmente. Como diz São Paulo: "a letra mata e o espírito vivifica". O espírito é a interpretação que podemos dar às Escrituras. A letra pode continuar a matar, quer seja a letra do Corão, da Torá ou, por vezes, a letra dos Evangelhos. Não são os textos que devem ser acusados, mas a interpretação que é feita deles.

A flor dá o seu pólen, e com esse pólen a abelha faz o mel e a vespa faz o veneno...

O que é que fazemos das Escrituras? Estas Escrituras são, na verdade, inspiradas por Deus? Que Deus? O que acabo de dizer não levanta problemas no contexto em que nos encontramos, mas num contexto muçulmano, onde tentei dizer estas mesmas palavras, chamaram-me a atenção para que o Corão é um texto incriado – uma concepção imaculada. Para os muçulmanos, o espírito de Maomé era virgem, iletrado, e o Corão imprimiu-se nele. É por isso que este texto não vem de Maomé, mas de Deus. Quando eu dizia que isso não era possível, pelo simples fato de haver uma linguagem, de haver palavras, isso fazia supor que Maomé tinha um inconsciente, um inconsciente coletivo, que ele pertencia a uma cultura. A sua inspiração pode ter vindo de Deus, mas ela passa através da sua humanidade, pelos limites da sua condição humana.

Será também importante recordar como, pouco a pouco, o Corão se transformou em texto escrito. Em primeiro lugar, temos Maomé que recebe, quando se encontrava nas grutas, informações no seu interior, que ele guarda para si. Um dia ele fala a respeito com Kadija, sua mulher, muito mais velha do que ele, que o acolhe quando este começa a sua "vida de homem". Kadija é a primeira pessoa a receber as mensagens do Corão. Em certa altura, ela diz:

"Nós não podemos guardar essas palavras só para nós, será necessário partilhá-las com os teus amigos e discípulos".

Nessa fase os discípulos aprendem, de cor, as palavras de Maomé. Todos ouviam o mesmo discurso, mas nem todos se lembravam das mesmas coisas. Portanto, a Palavra que se diz ser de Deus é entregue à fragilidade da memória dos seres humanos.

A seguir começa-se a sentir a necessidade de reunir essas palavras e de as pôr por escrito, o que foi feito em omoplatas de camelos ou em pedaços de madeira.

Em pouco tempo surgiram dez versões das palavras recebidas por Maomé, como se houvesse dez corões.

É interessante recordar que foi apenas em 1923, no Cairo, que os vários corões foram unificados.

É evidente a diferença entre aqueles que dizem que o Corão é a Palavra de Deus, vinda diretamente dele, e aqueles que fazem a história dessa Escritura, da sua gênese.

Com relação à Bíblia, algo semelhante acontece. Há poucos anos atrás dizia-se que a Bíblia era a Palavra de Deus, e alguns fundamentalistas continuam a afirmar isso hoje em dia. No entanto, a história mostra-nos que estes textos inspirados passaram por várias etapas e tomaram a forma dos locais, dos meios e das culturas onde foram anunciados.

Santo Tomás de Aquino diz frequentemente que o pensamento de Deus não se substitui ao pensamento do profeta e que, num texto profético, há parte de Deus e da inspiração, mas há também a parte humana de quem transmite essa Palavra.

Se chamo a atenção para estas questões é para que, perante um texto atribuído a um mestre, seja ele humano, de um mundo intermediário ou um mestre divino, nos lembremos que não é nunca o Absoluto que nos fala diretamente. Isso pode livrar-nos quer da idolatria, seja ela de um texto, de uma pessoa ou de um ensinamento, quer das diferentes formas de fanatismo onde queremos impor a outros aquilo que é bom para nós, pois o que é bom para mim pode não ser bom para os outros. Não tenho o direito de impor a ninguém as minhas certezas ou as minhas convicções, mas posso partilhar as minhas convicções e a minha fé, respeitando a fé e as convicções do outro.

- Quem é o meu mestre?
- Quem é o teu mestre?
- Qual é o nível de realidade que nos fala através desta pessoa, deste texto, desta ou daquela doutrina, desta ou daquela comunidade?

Esses ensinamentos nos ajudam a discernir e a nos libertar das várias formas de idolatria ou de fanatismo fazendo com que a vida entre os homens e entre as religiões seja possível.

2) – Quando se coloca a pergunta ao mestre: quem é Deus, o que é que ele responde? Quando se coloca a questão ao mestre: qual é o sentido da vida, o que é que ele responde?

– Mais uma vez, a resposta vai ser diferente, dependendo do mestre a quem nos dirigirmos.

Se a pergunta for feita a um filósofo, que pode ser meu mestre, ou à minha razão, receberei respostas diversas. Responderão usando argumentos e percorrendo a cadeia das causas e dos efeitos, até chegar à causa primeira, falando de um princípio primeiro, de uma origem do sopro, do pensamento...

Esse mestre terá uma forma de falar de Deus.

Outros filósofos dirão que Deus não existe; que ninguém jamais o viu; que Deus não é alguma coisa que possamos tocar; que Ele está além de tudo o que podemos conceber. Receberei deste mestre um tipo de informação que posso verificar, com a qual posso estar de acordo ou não.

Se perguntar ao meu inconsciente pessoal "quem é Deus?", verei as imagens de Deus que os meus pais podem ter tido. Imagens que possivelmente me quiseram transmitir e que eu poderei querer transmitir aos meus filhos. Será uma pergunta que nos devemos fazer a nós próprios: Que imagem de Deus recebi de meus pais e que imagem de Deus quero transmitir aos meus filhos?

Para mim, que vim de uma família ateia, o que me foi transmitido é que Deus não existe. Foi necessário descobrir, por mim mesmo, um outro ponto de vista. No entanto, inconscientemente podemos ficar marcados durante bastante tempo pelas informações que os nossos pais nos transmitiram, quer isso tenha acontecido através do que foi dito ou daquilo que ficou por dizer.

Se faço a mesma pergunta ao inconsciente transgeracional, surge uma imagem de Deus que pertence a uma linhagem: todas as representações de Deus que na minha família, através de gerações, ao longo de vários séculos, tenham sido transmitidas. Essas crenças e essas representações deixam a sua marca e posso querer aderir ou separar-me delas se não forem muito constrangedoras. Para alguns de nós é difícil sentirmo-nos livres perante todas essas imagens que nos foram transmitidas.

Tudo se torna ainda mais difícil se nos dirigirmos ao inconsciente coletivo. Neste caso, trata-se de uma imagem de Deus transmitida por toda uma civilização. Qual é a imagem de Deus transmitida pelo catolicismo? Qual é a imagem de Deus transmitida pelo budismo tibetano? Trata-se claramente de culturas diferentes.

Quando perguntamos ao papa qual é a sua imagem de Deus, e ao dalai-lama qual é a sua representação do Absoluto, torna-se evidente que se trata de culturas diferentes. Cada um tem a sua forma particular de falar do real, de o representar de acordo com aquilo que as Escrituras ou as experiências lhes transmitiram.

Quando nos referimos à tradição do Islã, abordamos, uma vez mais, uma certa imagem de Deus, tal como um inconsciente coletivo pode nos transmitir.

Se perguntar ao inconsciente cósmico "quem é Deus?" ou se perguntar a uma árvore, a uma flor ou a um pássaro, poderei obter outras respostas interessantes. Os xamãs, na sua escuta da natureza, adquirem também uma determinada visão de Deus.

Poderíamos dizer também que os cientistas, os físicos, aqueles que atualmente estudam as profundezas da matéria, têm uma outra representação de Deus: eles o veem como sendo a informação que anima todas as coisas. Falamos sempre da mesma realidade, mas através de diferentes linguagens.

Seria interessante também perguntar ao nosso anjo: Quem é Deus? A resposta seria, muito provavelmente, diferente daquela que nos foi dada pelo nosso inconsciente pessoal, transgeracional ou coletivo. É possível que tenha algo mais a nos dizer, além daquilo que a árvore ou a natureza podem nos dizer... Talvez ele nos diga que Deus é aquilo que nos eleva ou talvez nos responda com um sorriso e nos convide a maravilharmo-nos com a luz que nos é comunicada.

Quando perguntamos a um mestre "quem é Deus?", a resposta vai depender do nível de realidade no qual ele se situa. Os anjos têm muito a nos ensinar sobre a realidade de Deus. Isso não se opõe a outras descobertas nem a outras abordagens, mas convida-nos a mudar de perspectiva quando olhamos para a profundidade do real.

Se fizermos a pergunta ao Arquétipo da Síntese, se interrogarmos Jesus e os Evangelhos, verificaremos que nos é dada uma visão de Deus diferente daquela que nos é dada pelo inconsciente coletivo católico, por exemplo. Esse inconsciente é muito diferente do inconsciente coletivo ortodoxo, do cristianismo oriental, que tem uma outra forma de representar o mesmo Deus.

Portanto, voltar aos Evangelhos, entrar na visão que Jesus tinha de Deus, ver qual era o Deus de Jesus, qual era o Deus do "Eu Sou", é fazer a pergunta: "Qual é o Deus do 'Eu Sou' que está em nós?" Nessa altura talvez possamos descobrir a relação que liga o nosso ser à fonte do Ser, que Jesus chamava de Pai. Colocar a pergunta "quem é Deus?" é receber o convite para entrar numa relação, na intimidade que o "Eu Sou", Yeshoua, tinha com seu Pai.

Se colocarmos a Deus a questão "quem é Deus?", qual será a resposta? Decerto, um grande silêncio... mas um silêncio que é fundamento do meu ser, o "Eu Sou" que me faz ser quem sou.

Essa foi a questão colocada por Moisés na sua experiência da sarça ardente. A resposta que ele obteve foi: "Eu Sou quem eu Sou". Ouvir, em nós, essa resposta é o que nos fundamenta no Ser, o "Eu Sou" está aí.

E se fizermos a pergunta: "quem é Deus?" ao desconhecido, ao aberto...? Mais uma vez, um grande silêncio se fará, mas devemos escutá-lo, pois talvez ele seja a resposta mais profunda à nossa pergunta...

Ao colocarmos as questões essenciais ao nosso mestre não devemos nos esquecer que ele só poderá nos responder em função do nível de realidade em que se encontra. O importante é que ele não nos detenha no seu nível de consciência, mas nos convide a ir mais longe, a escavar com as nossas próprias mãos, a ir até ao fundo da taça...

A questão "quem é Deus?" é a questão "quem é 'Eu Sou'?" Ao aprofundar esta questão, descubro que não sou apenas o meu pequeno eu, com a minha razão e os meus conhecimentos; não sou apenas o que herdei de meus pais; o que herdei das gerações anteriores e que me chega através deles; não sou apenas uma expressão do inconsciente coletivo; não sou apenas uma expressão da natureza, mas sou também esta dimensão angélica, esta dimensão de luz e de paz – sou também quem eu sou... Nessa altura já não se trata mais do eu sou isto ou aquilo, mas do Eu sou na sua pureza, um "Eu Sou" Absoluto... Às vezes, durante a meditação, nos aproximamos desta realidade do "Eu Sou" que está no fundo do nosso cálice, da nossa vida mortal – essa presença da Vida incriada...

Quando pergunto ao meu mestre qual é o sentido da vida, as respostas podem, novamente, situar-se em diferentes níveis. Um filósofo poderá dizer que o sentido da vida é o prazer, outros que é o cumprimento do dever. Cada filósofo tem a sua maneira de dizer, mais ou menos racionalmente, qual o sentido que podemos dar à vida.

Há também o sentido da vida que herdei dos meus pais; eventualmente, o sentido do sucesso e do trabalho. Também posso ter herdado uma noção de absurdo e de não sentido, como defendem alguns filósofos. Qual terá sido o sentido da vida que foi desenvolvido na minha linhagem, na minha herança? Quais são os valores essenciais para a minha família? Quando nos encontramos com alguém, verificamos que não vivemos sempre com os mesmos valores, que não fomos educados no respeito pelos mesmos valores. É importante conhecermos este inconsciente transgeracional.

De modo idêntico, é importante conhecer quais são os valores do inconsciente coletivo de uma cultura – aquilo que dá sentido à minha vida pode ter sido herdado de todos estes intermediários que me transmitiram a vida...

Posso perguntar qual é o sentido da minha vida ao sol, ou a uma árvore. Neste caso vamos ao encontro dos antigos xamãs que perguntavam à natureza qual era o sentido da vida. Para eles, o sentido da vida era harmonizar-se com o movimento que se expressa na natureza. Ser um com o Tao, ser um com o movimento da vida que se dá. Para alguns é este o sentido da vida: a harmonia com o cosmos.

E se eu perguntar qual é o sentido da vida a um anjo, ele irá, com certeza, sorrir... Ele, sem dúvida, nos convidará a elevarmo-nos, a voltarmo-nos para a luz, a voltarmo-nos para ele que está além do mundo angélico, no mais profundo, para além do mundo angélico.

O sinal de que um mestre é autêntico, é o fato de ele não nos chamar para si próprio, mas de se apagar diante daquilo que é maior do que ele, daquilo que o ultrapassa, de não procurar criar uma ligação de dependência conosco, mas restabelecer a ligação de liberdade com a fonte do nosso ser.

Se perguntarmos ao Cristo qual é o sentido da vida, Ele também não nos conduzirá apenas até Ele mesmo. Como Ele disse: "Aquele que crê em mim não é em mim que crê, mas naquele que me enviou" – ou seja, Ele crê naquele que eu manifesto, naquele cujos valores eu manifesto.

Jesus disse também: "É bom para vós que eu parta" – ou seja, se eu não partir, o mestre interior não poderá nascer em vocês, vocês ficarão presos ao mestre exterior e farão de mim um ídolo ao invés de fazer de mim um ícone.

A diferença entre um ídolo e um ícone é que o ídolo para e prende o olhar, ele enche os olhos, enquanto o ícone abre os olhos ao invisível. Quando olhamos por uma janela, não é para a janela que olhamos, mas para a paisagem que vemos através dela. Da mesma maneira, trata-se de olhar através de Jesus, para a presença que Ele encarna e manifesta...

Se perguntarmos a Deus qual é o sentido da vida, seguramente a resposta será: Ser. A resposta não será fazer isto ou aquilo, realizar este ou aquele objetivo, mas ser aquilo que somos; encarnar o Ser que se encarna em nós. Trata-se de ser assim; "Eu Sou quem eu Sou".

Nessa altura entramos, pouco a pouco, nessa realidade do silêncio e, para falar do sentido da Vida, já não temos palavras, apenas atos. Atos que estão em harmonia com a fonte e que manifestam sua presença...

Todas estas questões são importantes e o cálice pode ajudar-nos a responder e a perceber que aquele a quem chamamos de "nosso mestre" pode nos dar diferentes tipos de resposta. Por isso mesmo, não nos devemos fechar numa única resposta. Devemos acolher aquela que nos é dada por toda a realidade através das suas diferentes manifestações.

3) – O *"Eu Sou"* está em mim? Sou eu que estou no *"Eu Sou"*? Será que eu sou o *"Eu Sou"*? Poderíamos colocar a questão de uma outra forma: o espaço está em mim, eu estou no espaço e eu sou o espaço?

– Há um provérbio que diz: "O espaço que está no interior do cântaro é o mesmo espaço que preenche todo o universo". O espaço que está no interior do coração é o espaço que preenche todo o universo...

O que devemos dizer? Deus está no meu coração ou eu estou no coração de Deus?

Será que devemos dizer que a vida está em mim ou sou eu quem estou na vida? Ou será que eu posso dizer: eu sou a Vida?

Talvez seja preciso chegar até aqui para distinguir entre a vida que eu tenho e a Vida que eu sou.

A vida que eu tenho, que herdei dos meus pais, eu nem sempre a terei, eu a terei apenas por mais alguns anos. Mas a Vida que eu sou, essa existia já antes dos meus pais e existirá também depois.

Podem tirar-me a vida que eu tenho, mas não me podem tirar a Vida que eu sou...

A meditação pode nos ajudar a descobrir, no coração da vida que eu tenho, a Vida que eu sou; no coração do meu eu, a presença do "Eu Sou". Assim está escrito no Evangelho: "Permanecei em mim como eu permaneço em vós; assim como eu estou com o Pai, assim também estou convosco".

Há esta presença da "Vida que É", no coração da vida que temos...

Estar à escuta do mestre interior é estar à escuta não apenas da vida que tenho, com as suas felicidades ou as suas infelicidades, com as suas doenças ou os seus prazeres, mas estar à escuta da Vida que eu sou.

O mestre interior é esta presença do "Eu Sou". Orar ou meditar é permanecer em relação com essa presença do "Eu Sou".

É fácil perceber que isto não são apenas palavras, é uma prática e uma experiência.

Sentir que o nosso sopro está ligado à fonte do Sopro; que a nossa inteligência, para existir, está ligada ao Ser que é Inteligência; que o meu amor com os seus limites, os seus desejos e os seus medos, não tem outra forma de se ligar à própria fonte do Amor.

Esta prática pode nos conduzir a uma abordagem do Real, onde vejo não apenas as coisas, mas vejo também o olhar que olha para as coisas. Trata-se de fazer essa experiência: não olhar só para as coisas e vê-las bem, mas ver também aquele que vê.

De igual modo, em relação ao ouvir, trata-se de escutar aquilo que ouço, e de escutar também aquele que escuta. Deus é, em nós, aquele que escuta.

É por isso que o grande exercício proposto por Moisés e retomado por Jesus foi: "Escuta Israel e tu amarás". É da escuta desta presença que está em nós que o amor pode nascer.

O estado de escuta nos aproxima da própria realidade do Divino em nós, do Ser que escuta tudo aquilo que é, que faz ser tudo aquilo que é...

Entrar nessa consciência na qual as coisas aparecem...

A palavra "Deus" vem do latim *dies*, que significa dia. Trata-se de ver o dia, não apenas ver as coisas, mas ver o dia no qual as coisas aparecem. Podemos morrer sem ter visto o dia!

Também trata-se de ver o espaço no qual as coisas aparecem, essa luz que não podemos ver, mas que nos faz ver.

Deus não é uma coisa que possamos possuir, um objeto, um ser que pudéssemos ter, Ele é o Ser com quem podemos ser e estar...

Poderíamos também dizer que o Amor é o único Deus que não é um ídolo, porque não podemos tê-lo senão quando o damos. O Amor não pode ser possuído, só podemos dá-lo.

Por isso, uma das palavras do anjo que é repetida com frequência é: "dá".

Reencontrar essa capacidade do dom que está no coração da Vida. Não se trata apenas de dar qualquer coisa, ou de dar alguma coisa do nosso conhecimento, mas de entrar no movimento da Vida que se dá. É também a forma de nos aproximarmos desse Ser a quem chamamos Deus ou a quem damos um outro nome.

Essa pergunta é um convite para irmos à procura, nas profundezas, se o "Eu Sou" aí estiver; descobrir essa presença e agir a partir dela.

4) – O mestre será necessário?

– O que é que as tradições espirituais da humanidade nos dizem a este respeito? Algumas tradições espirituais da humanidade nos dizem que o mestre é necessário, e outras dizem que não.

Eis algumas citações:

- Não sigas pelo caminho sozinho, porque poderias perder-te.
- Não conseguimos nos ver com os nossos próprios olhos.
- Tens necessidade de um outro para te conheceres a ti próprio.
- Se não escolheres um mestre, é Satanás quem o será (Ibn Arabi).

Alguns dirão usando outras palavras: o ego será o teu mestre. Fiar-se no seu próprio juízo é fiar-se no seu ego. Nesse caso corremos o risco de cair numa autoilusão. Podemos, por exemplo, ler os textos sagrados segundo as nossas pequenas interpretações. Há, portanto, certas tradições onde se insiste sobre esta necessidade de termos alguém que nos acompanhe no caminho, mas outras dirão que um mestre não é necessário.

O grande místico do Islã, Rumi, disse uma vez, referindo-se ao seu mestre: "É ele a verdade, a essência de toda a verdade, é ele o mistério de todas as religiões, a boca de todas as certezas".

Encontramos algo semelhante na Índia, na devoção prestada ao guru, porque é através dele que a verdade nos é transmitida.

Todavia, o mesmo Rumi diz, em outra ocasião: "Purifica-te dos atributos do eu, de modo que possas contemplar tua própria essência na sua pureza, e contempla no teu coração todas as ciências dos profetas, sem livro, sem professor, sem mestre".

O objetivo é despertar em nós a essência da vida. O objetivo do mestre exterior é nos despertar para essa presença.

Na epístola de São João está escrito: "Não precisais mais que vos ensinem, o Espírito Santo é quem vos ensinará todas as coisas".

O mestre está no nosso interior e é a ele que devemos escutar, não uma lei exterior.

Uma vez, um dos alunos de Santo Tomás de Aquino perguntou-lhe: "Se o papa me disser para fazer determinada coisa e a minha consciência me disser para fazer outra coisa, a quem devo obedecer?"

Santo Tomás de Aquino, doutor da Igreja Romana, responde: "Escuta a voz da tua consciência e procura esclarecê-la e iluminá-la". Isto pode nos surpreender, mas são palavras cheias de bom-senso e de psicologia, porque, se ele tivesse dito para ouvir e obedecer ao papa, isso faria com que seu aluno se tornasse um pouco hipócrita ou adoecesse, quem sabe até de esquizofrenia. Ou seja, quando fazemos aquilo que a autoridade nos diz e no nosso interior pensamos outra coisa, cria-se uma divisão dentro de nós que está na origem do mal-estar e da doença. Mas Santo Tomás de Aquino diz: Escuta a voz da tua consciência. Não mintas a ti próprio, mas procura esclarecer-te, e é possível que, ao esclareceres a tua consciência, descubras que aquilo que o papa dizia não era completamente idiota. Mas isso virá de ti mesmo.

Isto é interessante para o nosso discernimento, pois no lugar do papa poderíamos ter qualquer outra autoridade, a quem atribuíssemos a sabedoria ou a verdade. Poderia ser um livro, os nossos pais ou alguém que conhecemos. Mas, em um determinado momento, deixamos de estar de acordo e, nessa ocasião, é importante escutar a voz da nossa consciência.

Podemos sempre nos enganar, mas em algum momento nas nossas vidas já não podemos mais mentir a nós mesmos. É nessa ocasião que desperta em nós o mestre interior. Posso me enganar e cometer erros até o fim da minha vida, mas não posso mais mentir a mim mesmo, isso faria com que eu adoecesse. Esse é o sinal que estamos, de fato, conectados com o nosso mestre interior.

Quem é o meu mestre interior, quem tem autoridade sobre mim?

É importante sabermos que não devemos dar a nossa liberdade a qualquer pessoa, devemos dá-la apenas a quem nos torne mais livres, mais verdadeiros.

Por isso algumas tradições nos dizem: "Melhor é seguir a sua própria lei, mesmo que imperfeitamente, do que a lei de um outro, mesmo que executada de modo perfeito" – essas são palavras do *Bhagavad Gita*.

Diz-se também que um caminho espiritual não deve servir senão uma vez e para uma só alma – ninguém passará por ali mais uma vez, nas mesmas condições.

Não se trata de uma religião individual, mas de maneiras individuais de chegar ao Absoluto.

Um verdadeiro mestre espiritual nunca impõe a ninguém o seu modo de estabelecer uma relação com o Absoluto. Ele ajuda-nos a descobrir a nossa própria maneira de entrarmos em relação com o Absoluto.

O anjo tem belas palavras a nos dizer a respeito:
> Segue o teu próprio caminho,
> tudo o mais é um desvio[2].

São palavras muito fortes, ditas a 9 de julho de 1943. É importante reparar como o mestre angélico nos conduz pelo nosso pró-

---

2. Cf. MALLASZ, Gitta. *Diálogos com o anjo*. Amadora: Estrela Polar, 2006.

prio caminho, nos ajuda a descobrir o que é o nosso ser essencial e a escutá-lo.

Vários outros textos poderiam ser citados, mas talvez seja melhor ater-se a uma tradição em particular e ver quais são as diferentes relações que se podem ter com o mestre e a ligação que se pode estabelecer entre o mestre exterior e o mestre interior.

Mencionarei a tradição tibetana, pois ela preservou, de fato, o contato com as suas origens.

Na tradição tibetana, mas também em outras tradições, o mestre pode ser, numa primeira fase, um professor – chamado de *kempa*, na tradição tibetana, ou *pandita*, na tradição hindu. É uma relação de um aluno para com um professor, de alguém que aprende com alguém que sabe mais do que ele e que lhe transmite os seus conhecimentos. É um primeiro nível de relação.

No segundo nível de relação, o mestre não é apenas um professor, mas um amigo. Aquele a quem se chama o amigo espiritual, que nos acompanha no caminho e que não nos transmite apenas conhecimentos, mas nos transmite também o seu coração, a sua afetividade.

O meu mestre não é apenas um sábio, ele é alguém com quem tenho uma relação de intimidade, que me conhece e que vai adaptar o seu ensinamento à situação na qual me encontro.

E posso ter a certeza que aquilo que ele procura não é apenas agradar-me, mas o meu despertar, a minha libertação.

É por isso que esta amizade pode, por vezes, ser muito exigente. O amor não é a complacência. Aquilo que queremos transmitir não é uma felicidade ou um prazer qualquer, mas a libertação interior, é participar na bem-aventurança.

O terceiro nível de relação é aquele em que o mestre é considerado não apenas como um professor, ou como um amigo que nos acompanha no caminho, mas como alguém que nos transmite uma iniciação. Ele é um elo de uma linhagem iniciática que faz com que entremos numa cadeia. Em todas as grandes tradições espirituais, o mestre é aquele que transmite uma iniciação, que nos inscreve numa linhagem. Isso faz com que a minha prática não seja apenas a "minha" prática, mas a prática de todos aqueles que me precederam, a energia e a bênção de todos que me precederam e praticaram esse caminho estão presentes. Nestas circunstâncias poderíamos dizer que o mestre não transmite ensinamentos pessoais, mas é a tradição que é transmitida por seu intermédio, para além da sua individualidade. A sua pessoa apaga-se diante da sua função.

Por exemplo, a função do dalai-lama é mais importante do que a sua pessoa, mesmo que a sua pessoa esteja completamente ajustada à sua função. Ele tem de transmitir toda uma tradição de compaixão e de meditação da qual ele é herdeiro.

Nesta tradição, o discípulo deve examinar o seu lama potencial, porque, antes de reconhecer alguém como seu mestre, ele deve ser posto à prova, não é apenas o mestre que põe o discípulo à prova.

Quais são, então, os principais critérios? O que faz com que possamos confiar inteiramente em alguém, a ponto de podermos pedir-lhe que nos acompanhe no nosso caminho e que nos transmita uma iniciação?

O que nos é dito é que esse lama deve, antes de tudo, ter uma ligação regular com a tradição; que ele pertença, verdadeiramente, a uma linhagem; que o ensinamento não seja o ensinamento do seu pequeno eu, mas que ele transmita uma tradição que é maior do que ele.

A segunda condição será de exigir que ele aja de acordo com aquilo que ensina.

Jesus dizia sobre os fariseus: "Façam o que eles dizem, mas não façam o que eles fazem". A diferença que existe entre Jesus e os fariseus é que Ele faz aquilo que Ele diz.

Os judeus dirão que a doutrina é a mesma, e a doutrina dos fariseus é muitas vezes retomada por Jesus. Encontramos na sua boca palavras de Shamai e de Hillel que eram rabinos da sua época. Mas Ele faz o que diz; encarna a Palavra. Jesus não dá apenas conselhos, mas vive aquilo que ensina.

Outro aspecto importante que devemos procurar no mestre é que ele seja desinteressado: que não procure nem a glória, nem a riqueza, que manifeste uma compaixão autêntica para com aqueles que ele ouve, porque aquilo que ele na verdade procura é o seu despertar. Ele não deve procurar dominar, ter razão, ser o mais inteligente, por isso não procura discípulos, mas guarda no seu coração uma experiência que deseja partilhar.

Um outro aspecto interessante é que o mestre não tem medo, é paciente e não se deixa entristecer.

Estas são também as qualidades do mestre interior.

Existirá no nosso interior um mestre sem medo? Um lugar, em nós próprios, onde não haja medo?

É uma questão importante porque é nesse lugar em nós, onde não existe medo, que o mestre se encontra.

Por vezes existem mestres exteriores que encarnam essa liberdade diante do medo. Com certeza já repararam que, algumas vezes, o nosso mestre é o medo. Nós não agimos, nós reagimos, e reagimos, muitas vezes, aos nossos medos e são nossos medos que nos conduzem. No entanto, o medo é um mau mestre que frequentemente nos conduz a impasses.

O mestre interior, em nós, é aquele que é paciente. Recordo-me de um amigo que estava na Índia, sentado aos pés do seu mestre, quando entra na sala um grande yogi, muito impressionante. Ele tem poderes especiais, poderes mágicos. Nesse momento o meu amigo pergunta ao mestre: "E você, quais são os seus poderes?" O mestre lhe responde: "Uma infinita paciência." – Este é um grande poder.

É preciso ter paciência para ficar sentado e meditar, paciência com nossos pensamentos e memórias.

O mestre, em nós, é uma infinita paciência...

Por último, diz-se que o mestre não se deixa entristecer. Nós temos muitas razões para ficarmos tristes, algumas mais nobres e outras menos nobres. Mas existe, em nós, um lugar que não se deixa entristecer por aquilo que nos acontece – um espaço importante que merece ser descoberto – este lugar está além da tristeza e da satisfação. Poderíamos chamar tal lugar de "a verdadeira alegria", a alegria que pertence ao mundo do *noùs*, a ponta mais fina da alma.

O prazer é a participação do nosso corpo na bem-aventurança. A felicidade é a participação do nosso psiquismo na bem-aventurança.

A alegria é a participação do nosso espírito na bem-aventurança. Santo Tomás de Aquino dizia que a alegria era saber que Deus é Deus – que o Ser é aquilo que ele é...

É importante não esquecermos que todo prazer é sagrado, é uma participação corporal na bem-aventurança; toda a felicidade é sagrada, é uma participação psíquica na bem-aventurança e toda a alegria é sagrada.

O mais extraordinário na alegria é que muitas vezes podemos conhecê-la quando, no psiquismo, já não sentimos nenhuma felicidade; quando, no corpo, já não há nenhum prazer, por estarmos doentes ou por termos alguma dor. Existe em nós uma dimensão que é livre face aos sofrimentos e às infelicidades que podem nos acontecer. Nestas ocasiões é importante lembrarmo-nos disto e voltarmos a essa presença em nós que é fonte de paz.

Na tradição tibetana, diz-se que o ponto de partida é o lama exterior, a pessoa que nos ensina e nos guia, que nos ama suficientemente para nos acompanhar, quaisquer que sejam os nossos desvios e as nossas incompreensões.

A função deste mestre exterior é a de nos dar o sentido profundo das Escrituras Sagradas da nossa tradição. Neste caso, falaremos do lama escriturário, o Mestre das Escrituras.

É importante sabermos que há livros que são, para nós, como mestres. Quando andamos perdidos, quando a nossa vida não tem mais sentido, quais são os livros que nos podem esclarecer, que podem comunicar-nos ensinamentos e imagens que nos devolvam ao nosso eixo?

A escuta e a meditação das Escrituras vão, por sua vez, conduzir-nos à experiência do Lama Símbolo, ou aquilo que também podemos chamar de "Mestre das Sincronicidades".

O ensinamento do mestre exterior desperta em nós uma qualidade de escuta; as Escrituras nos revelam determinadas dimensões das profundezas que nos habitam e aí entramos naquilo que Jung chama de *unus mundus*, o mundo das sincronicidades, aquele em que os acontecimentos exteriores da nossa vida são um eco do que se passa em nosso interior.

É por esta razão que temos que estar atentos aos nossos desejos, saber que tudo aquilo que desejamos verdadeira e profundamente é uma energia que atrai os acontecimentos.

Existe também o Mestre da vida, o Mestre dos acontecimentos. Nestes casos sentimo-nos ligados, não apenas a um homem ou a uma mulher exterior, não apenas às Escrituras, mas também à Sabedoria que opera no universo, que opera nas situações que nos acontecem. Quando estamos neste estado de consciência, tudo o que nos acontece é um ensinamento.

Nessa medida, o importante não é o mestre, mas o discípulo. Se tivermos ouvidos que saibam escutar e a qualidade de coração de um verdadeiro discípulo, então o mestre estará por todo lado, em tudo aquilo que nos acontece. Deixará de haver acasos, haverá apenas ocasiões. Em grego, a palavra *kairós* quer dizer "ocasiões de consciência", "de crescimento", "de paciência", "ocasiões para amar".

Tudo isto nos conduz a um mestre ainda mais íntimo, que chamaremos de Lama Fundamental ou Mestre interior; é o nosso próprio espírito quando está purificado de todas as suas impurezas, é a nossa natureza original. Numa outra linguagem, poderíamos dizer que é o nosso "Eu Sou" original...

Poderíamos explorar ainda outras tradições, mas iríamos encontrar sempre este mesmo caminho e esta mesma função de todos os mestres exteriores que, pouco a pouco, através dos ensinamentos, das Escrituras e dos acontecimentos, nos conduzem à união com o Mestre interior, que é a nossa natureza original, a própria fonte da Vida em nós, a fonte da consciência e a fonte do Amor. Estar o mais próximo possível dessa fonte é permanecer na escuta do Mestre interior.

Por isso a nossa prática é muito importante, pois desenvolvemos em nós esta qualidade de atenção àquilo que é, àquilo que está presente. Devemos procurar não nos deter em nossas divagações ou em nossos pensamentos, mesmo que sejam muito belos e nobres, e regressar verdadeiramente ao Ser que está, esteve e estará sempre presente.

Estamos sobre a terra, debaixo do céu e no Sopro – em nós existe um eixo que liga a terra ao céu...

A coluna vertebral é como uma antena, atenta a todas as informações que possa receber.

Voltamo-nos para a luz, abrimo-nos a essa luz... à presença daquele que está aqui presente – Sopro no nosso sopro – Vida no coração da nossa vida...

Estar em escuta, receptividade e acolhimento é acolher aquilo que a Vida nos dá neste instante: acolher o seu Sopro, a sua luz e a sua presença.

O espaço de luz e de paz que está no nosso interior é o espaço que preenche e contém todo o universo...

Sentir esse espaço, respirar esse espaço...

Sentir a nossa inspiração que vem do Infinito e a nossa expiração que regressa ao Infinito...

Nós viemos do Infinito e nós regressaremos ao Infinito...

Este espaço de onde nos vem a vida e para onde volta a vida...

Chegar até aqui... Muitas vezes, o nosso corpo é o país onde nunca chegamos.

Cada expiração pode nos ajudar a nos enraizarmos...

Sentir, simultanemante, o enraizamento da árvore e o espaço no qual as aves se expandem.

O nome de Deus é indizível. Na Bíblia hebraica são as quatro consoantes, YHWH, que não podemos pronunciar. Se as quisermos pronunciar terá que ser no Sopro. É por isso que na tradição cristã, quando o Cristo diz que a verdadeira oração é no Sopro e na Vigilância, em Espírito e em Verdade, o nome está no coração do Sopro...

No coração do nosso sopro encontra-se o nome d'Aquele que É... A consciência do nome no coração do sopro...

Deixar que o sopro e o nome nos conduzam a um silêncio mais profundo e a uma presença mais simples...

Permanecer nessa presença, com o coração e com gratidão.

Permanecer nessa presença e respirar nessa presença...

Para o nosso bem-estar e o bem-estar de todos...

II
Anjos

Não pensamos quando vivemos com um anjo.
Rimos ou cantamos.
E escrevemos livros apenas para sofrer sua ausência.
Jean-Yves Leloup

À escuta dos anjos

No livro *Diálogo com os anjos* o tema da ponte é muito frequente: a necessidade de reencontrar essa ligação e de não opor o mundo puramente espiritual ao mundo material.

Neste nível da realidade, também poderemos distinguir várias gradações. Do mesmo modo que entre nós e o mundo mineral existe um conjunto de mundos intermediários – o mundo animal e o mundo vegetal – há, entre nós e o Puro Espírito, todo um conjunto de mundos angélicos.

Uma vez mais, não há nada em que tenhamos de acreditar, mas trata-se, antes, de verificar. Para alguns haverá níveis da realidade que lhes são muito familiares e outros que lhes são completamente desconhecidos.

Mas a função de qualquer tradição é, justamente, a de chamar a atenção para estes diferentes planos da consciência que não se opõem uns aos outros, mas que também não devem ser confundidos.

Algumas vezes pode dizer-se que é um anjo que nos fala, mas, escutando com um pouco mais de cuidado, verifica-se que é algo que vem do nosso inconsciente pessoal ou transgeracional. Por isso é importante distinguir bem os vários níveis e não tomar como Absoluto o que é uma manifestação real, mas relativa, desse Absoluto.

Cito algumas palavras do anjo no seu diálogo com os quatro jovens que se puseram à escuta[3]:

Fica atenta.
Há em ti um espelho maravilhoso,
ele revela tudo,
repousa em ti
e é a Ele que ele reflete,
mas apenas se houver silêncio.
Um pequeno mosquito pousa sobre ele
e o espelho fica perturbado.
Dirige toda a tua atenção
para o espelho maravilhoso[4].

Nós estamos aqui para concentrar toda a nossa atenção na direção desse espelho maravilhoso. O pequeno mosquito equivale aos nossos pensamentos, memórias e julgamentos que não podem destruir esse espelho, só podem nos impedir de senti-lo e de saboreá-lo. Trata-se de reencontrar esse espelho da alma.

Gregório de Nissa dizia que o espelho da alma é um espelho livre: volta-se para o caos e o reflete, volta-se para a luz e a reflete. O ser humano é um espelho livre e nós somos livres para escolher se queremos dirigir a atenção para esse espaço de luz, para essa presença silenciosa... Essa presença é como um sorriso no nosso interior, esse sorriso que, por vezes, nasce no coração da meditação... O anjo

---

3. Cf. MALLASZ, Gitta. *Diálogos com o Anjo*. Amadora: Estrela Polar, 2006.
4. Todas as citações são do livro *Diálogos com os Anjos*, de Gitta Mallasz, edição de 2006, publicada pela Editora Estrela Polar, Portugal.

nos diz que o sorriso é a oração de cada uma das pequenas células que sobe até a boca:

O sorriso eleva acima de tudo,
o sorriso interior é a primeira condição.

É na direção desse sorriso interior que nós nos dirigimos. Quaisquer que sejam os nossos problemas ou fadigas, há em nós uma presença que sorri, uma presença silenciosa, e é nela que nós nos mantemos... uma atitude de atenção e de sorriso àquilo que é. Acolher o sopro, acolher o movimento da Vida que se dá em nós e através de nós.

Virar o espelho do nosso coração e do nosso espírito na direção da luz e deixar que essa luz nos lave e nos preencha, nos cure e nos pacifique.

Sem nada procurar de especial, respirar e permanecer nessa presença, regressar simplesmente a essa qualidade de silêncio, regressar ao espelho voltado para a luz... regressar ao sorriso que sorri ao céu e à terra...

Os antigos terapeutas de Alexandria pediam ao seu mestre interior sonhos salutares, sonhos que iluminassem ou curassem. Há o ensinamento que vem do dia, mas há também o ensinamento que vem através da noite.

Estar no nosso eixo sobre a terra, sob o céu, no Sopro é encontrar nosso lugar. Quando estamos aí, podemos orar como Moisés e os Padres do Deserto que intercediam por todas as nações e pediam que a luz descesse sobre tudo o que vive e respira.

Que a Luz desça sobre todos os nossos centros vitais: cabeça, coração e ventre... Que sintamos o Sopro que nos conduz e nos mantém de pé, neste instante. Acolhamos, como um cálice, a Luz na cabeça; o Amor e a Compaixão no coração; o Sopro Tranquilo no ventre. Deixar ser aquilo que é, deixar ser Aquele que É – Aquele que é Luz, Amor e Vida...

Os anjos nos textos bíblicos

Abraão e os três anjos

Não há senão um Mestre: a grande Vida, através das alegrias, dos encontros e também das provações, que nos guia e nos conduz ao "Eu Sou que É", à realidade que é.

Essa grande Vida, para nos conduzir, pode encarnar e manifestar-se em mestres exteriores, mas também pode fazê-lo através de mestres invisíveis, entre os quais existem aqueles que chamamos de "anjos".

Anjo, em hebraico, diz-se *"malach"*, em grego *"angelus"*, ou seja, "enviado" ou "aquele que tem um trabalho, uma tarefa a fazer". Em hebraico, trabalho é *"malachá"*, que é o feminino da palavra *"malach"*.

Portanto, o anjo é aquele que nos confia uma tarefa.

Quando somamos todas as letras da palavra *"malach"* e vemos a correspondência com os números, temos como resultado 91.

A palavra *"Amén"* também tem como resultado numérico 91. Amén, está na origem da palavra "fé" e ter fé é dizer "sim", aderir àquilo que é.

O anjo é também aquele que nos ajuda a sermos apenas um com aquilo que é, e com Aquele que É. Ele é o instrumento da nossa adesão ao "Eu Sou"...

O anjo está sempre presente na biblioteca hebraica, a Bíblia.

Convém recordar que se trata de uma biblioteca com gêneros literários diferentes: poemas de amor, profecias e também narrativas históricas e mitos. No entanto, qualquer que seja o gênero literário, a presença do anjo nunca falta.

O anjo é verdadeiramente o enviado de Deus, a manifestação d'Aquele que É no coração das nossas vidas. Na Bíblia, Ele se manifesta de diversas maneiras:

No Livro do Gênesis lemos:

> O Senhor apareceu a Abraão nos carvalhos de Mambré, quando ele estava assentado à entrada de sua tenda, no maior calor do dia.
>
> Abraão levantou os olhos e viu três homens de pé diante dele. Levantou-se no mesmo instante da entrada de sua tenda, veio-lhes ao encontro e prostrou-se por terra.
>
> "Meus senhores, disse ele, se encontrei graça diante de vossos olhos, não passeis avante sem vos deterdes em casa de vosso servo.
>
> Vou buscar um pouco de água para vos lavar os pés.
>
> Descansai um pouco sob esta árvore. Eu vos trarei um pouco de pão, e assim restaurareis as vossas forças para prosseguirdes o vosso caminho; porque é para isso que passastes perto de vosso servo." Eles responderam: "Faze como disseste" (Gn 18,1-5).

O texto nos revela que se trata de três anjos e nestes três anjos Abraão reconhece o Único.

Muitas vezes, como no ícone da Trindade de Roublev, representa-se esta hospitalidade de Abraão como sinal ou revelação daquilo que mais tarde se chamará a Uni-Trindade. Quando a tradição cristã fala da Trindade, ela chama a atenção para o fato de que Deus é relação, relação interdependente de todas as coisas. Para Abraão, a presença do anjo é aquilo que o desperta para a presença do Um no múltiplo.

A palavra "sabedoria" vem do verbo latino "*sapere*", que quer dizer "saborear"; o sábio é aquele que tem o gosto do Um na multiplicidade das manifestações da realidade.

O anjo é aquele que nos desperta para o gosto do Um, para esse sabor da relação que une todas as coisas.

O texto continua:

> E disseram-lhe: "Onde está Sara, tua mulher?" "Ela está na tenda", respondeu ele.
>
> E ele disse-lhe: "Voltarei à tua casa dentro de um ano, a esta época; e Sara, tua mulher, terá um filho." Ora, Sara ouvia por detrás, à entrada da tenda.
>
> (Abraão e Sara eram velhos, de idade avançada, e Sara tinha já passado da idade.)
>
> Ela pôs-se a rir secretamente: "Velha como sou, disse ela consigo mesma, conhecerei ainda o prazer? E o meu senhor também é velho".
>
> O Senhor disse a Abraão: "Por que se riu Sara, dizendo: 'Será verdade que eu teria um filho, velha como sou?'
>
> Será isso porventura uma coisa muito difícil para o Senhor? Em um ano, a esta época, voltarei à tua casa e Sara terá um filho" (Gn 18,9-14).

São palavras próprias de um anjo, porque nunca é tarde demais para se conhecer o prazer, o deleite. Fazemos frequentemente esta reflexão: já é tarde demais, estou gasto, velho e cansado. Nessas ocasiões, a presença do anjo, em nós, é aquilo que nos lembra que poderemos sempre gerar, dar à luz. Talvez não necessariamente uma criança, mas um momento de alegria, de presença, porque nunca é tarde demais para sentir o prazer de viver...

O anjo desperta-nos para a visão do Um, para a interdependência de todas as coisas e lembra-nos que nunca é tarde demais. Até o nosso último instante podemos dar amor, consciência e lucidez ao mundo...

Um pouco mais adiante, o texto nos revela:

> Os homens levantaram-se e partiram na direção de Sodoma, e Abraão os ia acompanhando.
>
> O Senhor disse então: "Acaso poderei ocultar a Abraão o que vou fazer? Pois que Abraão deve tornar-se uma nação grande e poderosa, e todos os povos da terra serão benditos nele.
>
> Eu o escolhi para que ele ordene aos seus filhos e à sua casa depois dele que guardem os caminhos do Senhor, praticando a justiça e a retidão, para que o Senhor cumpra em seu favor as promessas que lhe fez".
>
> E continuou: "É imenso o clamor que se eleva de Sodoma e Gomorra, e o seu pecado é muito grande.
>
> Eu vou descer para ver se as suas obras correspondem realmente ao clamor que chega até mim; se assim não for, eu o saberei."
>
> Os homens partiram, pois, na direção de Sodoma, enquanto Abraão ficou na presença do Senhor.
>
> Abraão aproximou-se e disse: "Fareis o justo perecer com o ímpio?
>
> Talvez haja cinquenta justos na cidade: fá-los-eis perecer? Não perdoaríeis antes a cidade, em atenção aos cinquenta justos que nela se poderiam encontrar?

Não, vós não poderíeis agir assim, matando o justo com o ímpio, e tratando o justo como ímpio! Longe de vós tal pensamento! Não exerceria o juiz de toda a terra a justiça?"

O Senhor disse: "Se eu encontrar em Sodoma cinquenta justos, perdoarei a toda a cidade em atenção a eles".

Abraão continuou: "Não leveis a mal, se ainda ouso falar ao meu Senhor, embora seja eu pó e cinza.

Se porventura faltarem cinco aos cinquenta justos, fareis perecer toda a cidade por causa desses cinco?" "Não a destruirei, respondeu o Senhor, se nela eu encontrar quarenta e cinco justos".

Abraão insistiu ainda e disse: "Talvez só haja aí quarenta". "Não destruirei a cidade por causa desses quarenta".

Abraão disse de novo: "Rogo-vos, Senhor, que não vos irriteis se eu insisto ainda! Talvez só se encontrem trinta!" "Se eu encontrar trinta, disse o Senhor, não o farei".

Abraão continuou: "Desculpai, se ouso ainda falar ao Senhor: pode ser que só se encontre vinte". "Em atenção aos vinte, não a destruirei".

Abraão replicou: "Que o Senhor não se irrite se falo ainda uma última vez! Que será, se lá forem achados dez?" E Deus respondeu: "Não a destruirei por causa desses dez".

E o Senhor retirou-se, depois de ter falado com Abraão, e este voltou para sua casa (Gn 18,16-33).

O anjo revela a Abraão o encadeamento das causas e efeitos. A violência vivida em Sodoma irá provocar a sua própria ruína. É aquilo que chamamos de justiça imanente: colhemos aquilo que semeamos...

Abraão tem o pressentimento daquilo que irá acontecer, tendo em vista a maneira como aquela grande cidade estava vivendo. Ele poderia ficar satisfeito com isso, ele poderia dizer: "esta cidade vai sofrer as consequências dos seus atos", mas o anjo inspira-lhe compaixão.

Abraão intercede por Sodoma junto a Deus: "Talvez haja cinquenta justos na cidade: fá-los-eis perecer? Não perdoaríeis antes a cidade, em atenção aos cinquenta justos que nela se poderiam encontrar?" E, pouco a pouco, como um negociante de tapetes, Abraão baixa os preços: "Abraão continuou: 'Desculpai, se ouso ainda falar ao Senhor: pode ser que só se encontre vinte'".

A resposta que ele recebe sempre é: "Em atenção aos vinte, não a destruirei".

Este é um tema que encontramos em todas as tradições da humanidade: que o mundo subsiste graças à oração dos justos, ou seja, daqueles que fazem a ligação entre o criador e a criatura, entre o mundo incriado e o mundo criado. Se esta ligação for cortada, o mundo manifestado deixa de estar ligado à fonte da sua existência.

Abraão continua: "Que o Senhor não se irrite se falo ainda uma última vez! Que será, se lá forem achados dez?" E Deus respondeu: "Não a destruirei por causa desses dez".

A seguir, há um momento em que Abraão se cala e a voz lhe diz: "Sai da cidade" e Abraão continua o seu caminho...

Estas passagens contêm ensinamentos importantes. Acima de tudo, não devemos nos alegrar com as consequências dos atos negativos que podem acontecer. Trata-se de despertar em nós a compaixão, a intercessão pelo povo, quaisquer que sejam os seus atos.

Mas, ao mesmo tempo, devemos escutar também essa voz que nos diz: "Sai daí".

Há situações em nossas vidas nas quais de nada adianta permanecer. O que o anjo nos diz, nessas alturas, é que saiamos delas.

Seria interessante nos lembrarmos das ocasiões, nas nossas vidas, em que o anjo nos convidou a sair, quer se tratasse de uma relação ou situação particular na qual estávamos presos e à qual prendíamos o outro.

Neste sentido convém sublinhar que a palavra doença significa, em francês, "andar em círculos", é a energia que anda em círculos. Trata-se de sair das situações nas quais nos fechamos e fechamos os outros.

Tobias, o cão e o anjo

> Apenas saíra, Tobias encontrou um jovem de belo aspecto, equipado como para uma viagem.
>
> Sem saber que se tratava de um anjo de Deus, ele o saudou e disse-lhe: De onde és tu, ó bom jovem? (Tb 5,5-6).
>
> Tobias partiu, pois, com o anjo, seguido de seu cão (Tb 6,1).

O Livro de Tobias nos conta que Tobias segue o seu caminho acompanhado por um anjo e um cão; isso nos lembra que no caminho da nossa existência nós temos necessidade de um anjo e de um cão, ou seja, precisamos ter esse sentido da terra, da animalidade, respeitar nossos instintos, mas também não devemos nos esquecer das nossas intuições, das nossas aspirações ao infinito e à bem-aventurança.

Às vezes sentimos uma espécie de "cócegas" de asas, como se a nossa dimensão alada tivesse necessidade de se abrir. Creio que nem sempre temos necessidade de ser ajudados, mas temos sempre necessidade de ser "alados" e essa é uma das funções do mestre interior: restabelecer, em nós, a ligação com a própria fonte da vida, da inteligência, do amor e da paz...

Christian Bobin[5] estudou essa passagem do Livro de Tobias no seu livro *Le Très Bas*. Esse anjo chama-se Rafael, que quer dizer "Deus cura". É importante termos um anjo em nossas vidas, pois ele pode vir nos curar em nossas relações. Cada anjo é uma qualidade divina, uma aspiração divina, uma função divina, é um funcionário do Ser, uma manifestação do Ser. O papel de Rafael é o de curar, ele é o anjo dos terapeutas.

Esse anjo começa curando no acompanhamento, ele acompanha Tobias no seu caminho. É preciso caminhar ao lado do seu anjo sem esquecer-se do seu cão. É uma imagem magnífica, pois o homem é aquele que se coloca entre o anjo e o cão... O ser humano é aquele que faz a integração entre os dois.

O texto continua e nos diz que, no caminho de Tobias, assim como no nosso caminho, existem provações:

---

5. Christian Bobin, nascido em 1951, escritor e poeta francês [N.T.].

Tobias deteve-se na primeira parada à beira do Rio Tigre. Descendo ao rio para lavar os pés, eis que um enorme peixe se lançou sobre ele para devorá-lo. Aterrorizado, Tobias gritou, dizendo: Senhor, ele se lança sobre mim. O anjo disse-lhe: Pega-o pelas guelras e puxa-o para ti. Tobias assim o fez. Arrastou o peixe para a terra, o qual se pôs a saltar aos seus pés (Tb 6,1-4).

No Livro de Jonas, o peixe é o monstro, a sombra, aquilo que nos devora, aquilo que nos prende pelos pés, pela base. O peixe é aquele que vem para nos desequilibrar; no entanto, a voz do anjo nos diz: "Não fujas" – ou seja, encare a sombra. Devemos encarar aquilo que nos machuca, que nos faz mal, que nos morde, que nos devora, que nos corrói. Acreditamos que somos fortes e, de repente, no meio do nosso caminho, surge algo que nos morde, nos devora... Muitas vezes esse ferimento é mortal e nossa tentação, nossa tendência é fugir. Se fugirmos do mal, essa sombra vai nos alcançar e correremos o risco de sermos devorados por ela.

O anjo disse-lhe: "Pega-o pelas guelras e puxa-o para ti".

Essa é a única maneira de nos livrarmos da sombra e, sobretudo, a única maneira de não a projetarmos sobre alguém. Rafael é um bom médico, um bom psicólogo. Temos muito talento para acusar o outro daquilo que o outro critica em nós mesmos! Isso pode nos conduzir a dimensões catastróficas. Normalmente, isso acontece às pessoas que não encararam sua sombra, que não encararam a vontade de poder que os devora. Até que ponto podemos ser estúpidos, fechados, limitados?!

Rafael, o anjo da cura, não nos convida a fugirmos da nossa sombra. O anjo não nos dispensa de sermos nós mesmos, ele nos ajuda a nos tornarmos plenamente humanos, plenamente sujeitos daquilo que nos acontece e um "sujeito" é habitado pelas sombras... Não se trata apenas de encarar a nossa sombra, mas de abri-la e ver o que está dentro dela.

- O que existe dentro daquilo que nos dá medo?
- O que existe dentro daquilo que nos aterroriza?
- O que existe dentro daquilo que nos machuca e nos tortura?

Observar o que está dentro, retirar o coração, o fel e o fígado:

> O anjo então disse-lhe: Abre-o, e guarda o coração, o fel e o fígado, que servirão para remédios muito eficazes. Ele assim o fez (Tb 6,5).

O fel e o fígado simbolizam essa tristeza que às vezes existe em nós. É com essa tristeza que nos corrói que poderemos nos transformar, nos curar, pois é isso que precisa ser transformado. Não fuja da sua matéria que precisa ser transformada, não fuja do carvão, pois é com o carvão que fazemos o diamante – basta introduzirmos luz no carvão. Não fuja das suas provações, não fuja do seu corpo, não fuja da sua matéria, pois é com isso que você vai se tornar um ser de luz...

É explorando o fel, explorando tudo aquilo que em nós é triste, violento ou ruim, que nós chegaremos ao remédio, um remédio para a inflação, a pretensão. Aquele que se conhece não tem pressa em acusar o outro das coisas que ele viu no interior dele próprio.

O caminho continua e eles encontram Sara. Tobias já ouviu falar de Sara e do seu estranho destino: cada vez que um pretendente se aproxima, no momento de ir para a cama, ele morre.

Tobias respondeu a Rafael:
"Irmão, ouvi falar que ela já foi dada sete vezes em casamento; cada vez seu marido morre no quarto de núpcias. Eles morreram na noite em que eles entraram no quarto. E ouvi dizer que há um demônio que os matava, portanto, tenho um pouco de medo..." (Tb 6,14).

Devemos falar sobre nossos medos com o nosso anjo, com esse espírito que habita nas nossas profundezas. É um diálogo do eu com o *Self*, é um diálogo com o nosso mestre interior: o eu interroga a função transcendente, ele interroga em si aquilo que é mais sábio do que ele, que o acompanhou, que permitiu que ele olhasse as coisas de frente e achasse um remédio para elas. O texto também menciona um mau espírito, um demônio, pois não existem apenas anjos e bons espíritos.

- Então, do que se trata?
- O que está acontecendo?
- O que está acontecendo com Sara?

Alguns psicanalistas adoram esse texto por causa da importância dada ao pai de Sara que está sempre presente. É ela quem cava o túmulo dos pretendentes. Seria fácil dizer que Sara não quer ter um homem enquanto o seu pai estiver por perto. Algumas vezes existem mais do que duas pessoas no quarto do casal: papai e mamãe podem também estar presentes, dando continuidade às suas velhas histórias ou outras personagens podem estar presentes. O espaço que existe entre nós está tomado e a relação não é possível, ela é morta por aquilo que impede a ligação, o contato, a simplicidade.

Como limpar o quarto de tudo aquilo que o habita, de tudo aquilo que o entulha, como limpar as relações entre homens e mulheres? A guerra começa entre homens e mulheres. O lugar do nosso pai e da nossa mãe não é no quarto do casal, nem dos irmãos ou de quaisquer outras pessoas. O quarto do casal também não é o lugar deste espírito que representa o medo do outro... O que pode exorcizar este demônio, este medo e esta inflação?

Rafael responde:

"Não tenha medo do demônio. Ouve-me, e eu lhe mostrarei sobre quem o demônio tem poder:

são os que se casam, banindo Deus de seu coração e de seu pensamento, e se entregam à sua paixão como o cavalo e o burro, que não têm entendimento: sobre estes o demônio tem poder.

Eu garanto que esta noite ela será sua mulher.

Quando você tiver entrado na câmara nupcial, tome o fígado e o coração do peixe,

Coloque um pouco sobre as brasas do incenso,

o odor se espalhará e será posto em fuga o demônio.

O perigo que cerca a jovem terá terminado" (Tb 6,16-22).

O que é este odor que expulsa os maus espíritos? Na tradição dos Padres da Igreja, é o odor da humildade, ou seja, o odor de alguém que mostra o seu fígado e as suas entranhas. Até então todos aqueles que tinham se aproximado da mulher, fizeram-no com medo ou como conquistadores; já Tobias aproximou-se em estado de confissão.

Gabriel Marcel dizia que o casamento é o estado de confissão, ou seja, é o estado onde nos encontramos diante de alguém onde temos de nos confessar tal qual somos. Isso deve ser feito sem que o outro queira tirar proveito para sua própria vontade de poder: este é o problema. Não devemos nos desnudar diante de qualquer pessoa ou nos desnudarmos diante do amor. Quando nos colocamos nus diante de alguém que quer tirar proveito para ter poder sobre nós, isso pode acarretar um grande mal.

Contudo, muitas vezes o que impede a relação entre dois seres é este medo de nos mostrarmos como somos, de não mostrarmos nossa sombra, de não ousarmos dizer: "Eu não sou o homem ideal, eu não sou a mulher ideal, eu não sou o amor, eu não sou o prazer. Eu estou aqui com os meus medos, eu estou aqui com o meu medo do monstro..."

Quando este medo é mostrado e confessado, ele é exorcizado. Tobias não tem medo de ter medo e este destemor exorciza o medo, exorciza o demônio que impede a relação.

Existem diferentes níveis de compreensão deste texto, assim como ocorre com todos os textos inspirados. Muitas vezes, aquilo que existe entre nós é o demônio da dúvida, da pretensão, do poder, da vaidade, do medo, o medo de que talvez você não me ame se eu mostrar como eu realmente sou, o medo de que você me deixe... Eu quero que você me veja, mas apenas sob a luz mais favorável, eu quero que você veja apenas o meu lado bom. No nível psicológico, queremos ser amados, mas apenas por aquilo que temos de bom, escondemos nossos segredos de família, nossa história.

A cura é o trabalho que fizemos com o nosso fígado, nosso coração, nossas entranhas e todas as sombras que surgem. Quando nos entregamos a alguém, nós o fazemos na luz, naquilo que temos de melhor, mas nós não escondemos nossas feridas, nós não escondemos nossas sombras. Isso afugenta os demônios, é o anjo da verdade, o anjo da confiança.

Devemos realmente convidar um anjo para a nossa cama. Rafael introduz o incenso, a oração, na nossa cama. Orem juntos antes de se unirem, lembrem-se que entre nós existe algo além de nós. Nem sempre convidamos os anjos às bodas, ou seja, nem sempre convidamos o espaço e a luz entre nós, que não falte ar entre nós... O terceiro pode estar faltando. Muitas vezes, o terceiro entre nós é o nosso passado, nossas memórias, tudo aquilo que escondemos.

No lugar de tudo aquilo que escondemos do outro, trata-se de convidar a luz, de convidar um espírito de paz, um espírito de confiança sabendo que nossa relação depende de mim, depende de você, mas depende também daquilo que está entre nós... Talvez seja isso que torne a relação possível. De outra maneira, nossa relação estará correndo o risco de morrer, de ser abortada, impedida.

Devemos convidar a transcendência a estar presente nos momentos mais carnais da nossa existência. Por que esconder estes lugares de nós mesmos, essas relações, por que não fazer delas um ato espiritual? Por que não convidar o anjo a estar presente nestes momentos, convidar o Espírito que vai santificar esta união?

O amante, a amada e o amor...

Jacó e o anjo

No Livro do Gênesis, encontramos uma outra personagem que foi tocada pelo anjo: Jacó.

O texto nos conta:

> Jacó, partindo de Bersabeia, tomou o caminho de Harã. Chegou a um lugar, e ali passou a noite, porque o sol já se tinha posto. Serviu-se como travesseiro de uma das pedras que ali se encontravam, e dormiu naquele mesmo lugar.
>
> E teve um sonho: via uma escada, que, apoiando-se na terra, tocava com o cimo o céu; e anjos de Deus subiam e desciam pela escada. No alto estava o Senhor, que lhe dizia: "Eu sou o Senhor, o Deus de Abraão, teu pai e o Deus de Isaac; darei a ti e à tua descendência a terra em que estás deitado.
>
> Tua posteridade será tão numerosa como os grãos de poeira no solo; tu te estenderás, para o ocidente e para o oriente, para o norte e para o meio-dia, e todas as famílias da terra serão benditas em ti e em tua posteridade.
>
> Estou contigo para te guardar onde quer que fores, e te reconduzirei a esta terra, e não te abandonarei sem ter cumprido o que te prometi".
>
> Jacó, despertando de seu sono, exclamou: "Em verdade, o Senhor está neste lugar, e eu não o sabia!"
>
> E, cheio de pavor, completou: "Quão terrível é este lugar! É nada menos que a casa de Deus; é aqui a porta do céu (Gn 28,10-17).

É um sonho interessante porque o que é, de fato, ensinado a Jacó é que ele deve segurar as duas extremidades da escada.

É um símbolo de algo que já referimos muitas vezes: a tarefa do ser humano, da nossa vida humana, é a de manter unidos a matéria e o espírito, o céu e a terra... Os anjos não são apenas aqueles que nos elevam até o céu, são também aqueles que descem à terra. Há esse movimento de elevação, mas há também o movimento de descida, de acolhimento.

O ser humano é esse movimento. Através da nossa meditação e da nossa prática, elevamo-nos em direção à luz, mas ao mesmo tempo devemos estar conscientes de que a luz desce até nós...

Isto é representado pelo selo de Salomão: o movimento do que podemos chamar de eros, o desejo de Absoluto do ser humano, mas também o movimento do *agapé*, o Amor divino que desce até nós. Na nossa meditação há este duplo movimento e esta visão está presente no sonho de Jacó.

A tarefa, o trabalho, que o anjo nos confia, assim como para Abraão, é a de ver o Um no múltiplo; não nos desencorajarmos qualquer que seja a nossa idade e a situação em que nos encontremos, vendo nela uma ocasião de consciência, de saborear o prazer de ser...

A nossa tarefa é também a de fazer a ligação entre o céu e a terra. Mas isso é, muitas vezes, um combate. O texto continua com a descrição do combate de Jacó com o anjo:

> Jacó ficou só; e alguém lutava com ele até o romper da aurora. Vendo que não podia vencê-lo, tocou-lhe aquele homem na anca, na articulação da coxa, e esta deslocou-se, enquanto Jacó lutava com ele.

E disse-lhe: "Deixa-me partir, porque a aurora se levanta". "Não te deixarei partir, respondeu Jacó, antes que me tenhas abençoado". Ele perguntou-lhe: "Qual é o teu nome?" "Jacó".

"Teu nome não será mais Jacó, tornou ele, mas Israel, porque lutaste com Deus e com os homens, e venceste." Jacó perguntou-lhe:

"Peço-te que me digas qual é o teu nome". "Por que me perguntas o meu nome?", respondeu ele. E abençoou-o no mesmo lugar.

Jacó chamou àquele lugar Fanuel: "Porque, disse ele, eu vi a Deus face a face, e conservei a vida".

O sol levantava-se no horizonte, quando ele passou Fanuel. E coxeava de uma perna (Gn 32,24-31).

Esta passagem contém outro ensinamento interessante, porque a anca no corpo humano é o lugar onde a parte superior e a parte inferior se articulam.

Quando entramos neste combate, nessa prova com o anjo, pode ser que também fiquemos coxos. Temos um pé num mundo visível, e um pé noutro mundo, invisível, o que nem sempre é muito confortável, por vezes, o nosso equilíbrio fica em risco.

Nos hospitais psiquiátricos encontram-se algumas pessoas que foram tocadas por uma experiência espiritual, que foram feridas pelo anjo, mas a quem não foi dada nenhuma ajuda para que recuperassem o seu andar – são mantidas prisioneiras das suas feridas ou da sua nostalgia da luz.

Se olharmos de longe para uma pessoa que coxeia, não saberemos muito bem se essa pessoa está coxeando ou dançando.

Algumas vezes, em nossas vidas, é preferível avançar, coxeando ou dançando, desde que seja na boa direção, do que avançar com passo seguro rumo ao impasse. É o anjo quem nos ajuda a integrar esses dois mundos, o mundo incriado e o mundo criado, sem ter medo da ferida.

Convém não esquecer que as pessoas um pouco mais contemplativas têm alguma dificuldade em viver no mundo, no barulho, no meio de conversas superficiais. Também nessas situações é o anjo quem nos convida a ter paciência, a não julgar, a abrir o coração de modo a que ele possa conter os contrários. Contudo, esta união dos contrários, algumas vezes, nos faz coxear, outras vezes nos faz dançar.

É um sinal de maturidade conseguirmos transformar nossa ferida – é a integração pacificada, os contrários passam a ser complementares. Aquilo que em determinada altura nos podia parecer contraditório e em oposição, em outro momento torna-se complementar.

Quando alguém tem um ponto de vista diferente do nosso, já não nos sentimos ameaçados, mas percebemos que esse ponto de vista contrário vem completar o nosso. Isto significa também que reencontramos a escuta, a atenção e o respeito pelo outro na sua alteridade.

Elias e o anjo

Elias andou pelo deserto um dia de caminho. Sentou-se debaixo de um junípero e desejou a morte: Basta, Senhor, disse ele; tirai-me a vida, porque não sou melhor do que meus pais.

Deitou-se por terra, e adormeceu debaixo do junípero. Mas eis que um anjo tocou-o, e disse: "Levanta-te e come". Elias olhou e viu junto à sua cabeça um pão cozido debaixo da cinza, e um vaso de água. Comeu, bebeu e tornou a dormir. Veio o anjo do Senhor uma segunda vez, tocou-o e disse: "Levanta-te e come, porque tens um longo caminho a percorrer". Elias levantou-se, comeu e bebeu e, com o vigor daquela comida, andou quarenta dias e quarenta noites, até Horeb, a montanha de Deus (1Rs 19,4-8).

Nós também passamos momentos em que temos vontade de nos deitar, porque estamos cansados pelos mais variados motivos. As razões dadas por Elias também são válidas para nós: não somos melhores do que os nossos pais. Fazemos meditação, frequentamos todo tipo de cursos e de conferências e não somos melhores que os nossos pais. Para alguns, isso é desesperador! Repetimos os mesmos erros e desse modo podemos sentir, por vezes, o cansaço e o peso da existência.

Para Elias há ainda uma outra razão: tudo aquilo que ele disse e profetizou não foi ouvido, ele foi rejeitado. Assim, o que adianta falar, se ninguém compreende?

Novamente, ele tem vontade de se deitar e é nesse momento que o anjo vai ao seu encontro. O anjo vem frequentemente ao nosso encontro quando estamos desesperados, quando não conseguimos encontrar nenhuma ajuda à nossa volta, quando faltam ou falham os mestres exteriores e quando as respostas humanas para nossos problemas não nos bastam: quer sejam as explicações do médico, do psicanalista ou as explicações dos padres. Nada disso responde nossas questões mais profundas. Nessas alturas esperamos pela resposta de um outro mundo, de uma outra dimensão... é então que o anjo pode se manifestar.

O anjo diz a Elias: "Levanta-te e come". Não lhe dá nenhum conselho espiritual. Dá-lhe de comer. Isto é muito importante: quando estamos muito mal, não estamos com cabeça para ouvir conselhos espirituais, precisamos mais de um gesto de amizade e de partilha. Devemos nos lembrar da presença, nas nossas vidas, de todos esses anjos que nos ajudaram, e que podem ter passado através da presença de um amigo ou de uma pessoa desconhecida que encontramos ocasionalmente.

Levanta-te, ou seja, volta-te para o alto, levanta-te em direção à luz, ergue-te, põe-te direito – isto é uma coisa física. Em certas alturas das nossas vidas sentimos o quanto ela é pesada. Trata-se de, nessas ocasiões, nos pormos em pé e eretos; de reencontrar a nossa coluna vertebral.

Não é possível mentir e manter a coluna vertebral ereta. Quando mentimos inclinamo-nos sempre para um lado ou para outro. Por isso é tão importante este eixo que está no nosso interior.

Erguer-se, levantar-se e alimentar-se. Nessas ocasiões precisamos de alimento, pode ser um alimento material, mas pode ser também um alimento intelectual. Por vezes o anjo nos diz: "Lê este livro". Ele vai ajudá-lo a encontrar-se consigo mesmo, a se levantar e a continuar o seu caminho. Pode ser um alimento espiritual, pode ser uma oração, uma meditação que nos ponha em contato conosco. Recuperamos o nosso eixo, levantamo-nos e retomamos o caminho, mas é possível que não o retomemos imediatamente.

Elias viu o pão e um vaso com água, comeu e bebeu e voltou a deitar-se. O grande Profeta Elias está de tal modo cansado e desesperado que volta a deitar-se! A presença do anjo não é suficiente, mas ele é paciente. O anjo de YHWH volta uma segunda vez, toca nele e lhe diz: "Levanta-te e come, porque tens um longo caminho a percorrer".

É importante lembrar-se disto: existe em nós uma presença que não desiste de nós. Qualquer que seja o nosso cansaço e o nosso desespero, essa presença procura tocar-nos.

De que maneira essa presença nos toca? É algo de muito sutil, como quando tocamos no fundo do nosso abismo. É a partir do fundo que muitas vezes nos reerguemos. Aqueles que já conheceram o que é uma depressão sabem que, se vamos até o fundo da depressão, há qualquer coisa que se limpa e, nessa altura, podemos nos levantar. Esta questão é uma questão difícil, porque, nos meios hospitalares, não permitem que vamos até o fundo da depressão. Há certa quantidade de medicamentos que aliviam o sofrimento, mas as recaídas acontecem e, às vezes, cada vez mais graves.

Esta questão do anjo é uma questão que também podemos nos colocar a nós mesmos: como acompanhar alguém que esteja numa depressão, sem privá-lo da sua depressão? É através dessa depressão que essa pessoa poderá aprender alguma coisa sobre si própria, que ela vai descobrir quem ela é. Descobrirá que aquilo que ela é não é aquilo que ela pensava ser; aquilo que ela pensava ser está desmoronando...

Temos de invocar os anjos que acompanham as pessoas que sofrem. Nessas alturas vamos encontrar a paciência do anjo do Profeta Elias, que ajuda alguém a levantar-se e lhe dá um alimento. Contudo, essa pessoa volta a deitar-se e o anjo levanta-o, mais uma vez, e volta a dar-lhe um alimento. Deus é muito paciente conosco, assim como o seu anjo. O profeta vai comer e beber, uma segunda vez, e assim poderá continuar o seu caminho até chegar à montanha de Horeb onde ele encontrará o "Eu Sou". Verificamos, mais uma vez, que todas as forças, todos os ensinamentos que nos são dados, não têm outra finalidade, a não ser a de nos conduzir ao conhecimento do "Eu Sou"...

> Eis que a presença de YHWH passou, houve uma grande tempestade, tão forte que as montanhas se fenderam e os rochedos se quebraram. Mas Deus não estava na tempestade. E houve um tremor de terra, mas Deus não estava no tremor de terra. Depois houve a voz de um silêncio sutil (1Rs 19,11).

O Profeta Elias quer conhecer Deus e há certo número de manifestações que ele presencia. Algumas vezes traduções utilizam outras expressões: uma brisa ligeira, um sopro ligeiro e "Eu Sou" encontrava-se nesse Sopro...

Nas nossas vidas também conhecemos tempestades, tremores de terra, situações em que todo o nosso corpo ficou abalado, toda a nossa inteligência foi sacudida. Havia a manifestação de uma energia e de uma força que se revelava, mas não era ainda a presença de Deus na sua essência.

O texto nos diz que a presença de Deus se encontra no sopro sutil, o "Eu Sou" encontra-se no suave sopro. Deus não faz parte do mundo do "extraordinário". Andamos, muitas vezes, à procura do extraordinário, do fantástico e tomamos o fantástico e o extraordinário por Deus. O Profeta Elias chama a nossa atenção para o fato de a presença d'Aquele que É se encontrar no segredo do nosso sopro, desse sopro que nos liga à própria fonte da Vida.

Jó e o anjo negro

Uma outra personagem bíblica pode também nos falar sobre o anjo: Jó.

Com Jó iremos encontrar um anjo negro. Os anjos maus existem? O demônio existe? Qual é a sua função?

Um dia em que os filhos de Deus se apresentaram diante do Senhor, veio também satanás entre eles (Jó 1,6).

É interessante verificar no Livro de Jó que satanás é um filho de Deus. Satanás – "*Shatan*" em hebraico – quer dizer "obstáculo".

Por que existe o mal nas nossas vidas? Qual é a função do mau espírito? Há os anjos de luz, mas há também os anjos das trevas. O texto de Jó recorda-nos que estes anjos das trevas são também enviados de Deus. A Bíblia é um texto não dualista, não há de um lado o Deus da luz, e, do outro, o Deus das trevas. É o mesmo Deus quem cria a luz e as trevas, o bem e o mal. Como diz o Profeta Isaías: "YHWH, Aquele que É, quem fala: "Eu faço a luz e crio as trevas, Eu faço a felicidade e Eu crio a infelicidade, Eu faço o Bem e Eu crio o mal, Sou Eu, YHWH, que faço tudo isso".

São coisas que podem nos espantar e surpreender, mas a Vida nos dá a felicidade e a infelicidade. É a mesma Vida que cria em nós o prazer e o sofrimento. Qual é a função do mal? O texto de Jó nos lembra que a função do mal, da infelicidade e do sofrimento é a de nos pôr à prova, de nos testar. É por isso que chamamos satanás ou o diabo de "tentador".

"Diabo" – em grego *diábolos* – significa "aquele que divide", "que separa". É a mesma força de destruição. Há ainda outros nomes que são dados a esta força que nos divide: o de acusador, conforme está escrito no Apocalipse. Aquele que em nós acusa os outros, que acusa Deus; é aquele que culpabiliza, que nos culpabiliza e culpabiliza o outro. É por isso que no Livro do Apocalipse o sinal de que estamos libertos do acusador, libertos do mau espírito, é quando deixamos de acusar os outros, quando acusamos mais a nós mesmos; essa é uma grande libertação...

No entanto, para o texto de Jó, a função de satanás é a de experimentar aquilo que há no homem: o que é que temos na cabeça? Pensamos que somos muito inteligentes, mas, perante certas situações, de que nos serve a nossa inteligência? Achamos que somos muito amorosos, mas em algumas situações do que serve o nosso amor? Pensamos que somos muito cheios de vida, mas perante certas doenças, certos sofrimentos, como fica a nossa vida?

Somos postos à prova, é o sentido da provação. O diabo é aquele que nos põe à prova, para ver o que temos no ventre, o que temos no coração, para ver se "Eu Sou" aí se encontra. Encontramos aqui o tema do anjo: as provações da nossa existência são também enviadas de Deus e o objetivo não é a nossa destruição, mas o nosso despertar, o despertar daquilo que em nós é maior do que nós, mais inteligente do que nós, ama mais e melhor do que nós, é mais vivo do que nós...

Um dos aspectos interessantes destes textos antigos é o de nos ajudarem a lançar um olhar positivo sobre o negativo. Se colocarmos um olhar negativo sobre o negativo, ficaremos encerrados no negativo, tornar-nos-emos vítimas da Vida, quando se trata de sermos discípulos dela. O anjo nos transforma de vítimas em discípulos. Através das provações, tal como Jó, vamos descobrir a realidade que nos habita.

Jó, além de perder os filhos, perde todas as suas possessões, perde também a saúde e os amigos. Sua mulher, que não compreende o que está acontecendo, convida-o a revoltar-se contra a Vida, contra Deus e, em certos momentos, Jó afunda-se no desespero.

Ele não só perde tudo aquilo que lhe é caro, ele perde também o seu Bom Deus. Ele vai descobrir que Deus não é bom e isso para ele é terrível. Deus não é justo, porque aquilo que está acontecendo com ele é injusto. E ele dirá sem cessar: o que é que eu terei feito de mal para que isto esteja acontecendo? Por vezes começará, como Jacó, a combater contra Deus até que a dada altura ele cede, poderíamos dizer que ele abre mão, ele aceita não compreender e é nesse momento de aceitação que ele descobre que tudo fazia sentido, que através de todas essas provações, todos esses testes, todas essas tentações, através da perda das suas crenças em um Bom Deus, ele tinha sido conduzido à realidade d'Aquele que É...

Para além das nossas concepções de bem e mal, para além das nossas concepções de felicidade e de infelicidade, ele tinha sido conduzido a um Deus mais divino...

É essa a função do anjo...

Às questões: "Será que o mal existe, que os anjos maus existem, será que o demônio existe?", poderíamos responder: quando olhamos para as nossas vidas, como quando olhamos para a vida de Jó, vemos que o mal, a infelicidade e o sofrimento existem; que as provações existem; que a vida não para de nos provar, de nos testar e de nos cansar. Mas, através de tudo isso, somos conduzidos à Verdade, não à verdade de uma crença, mas à Verdade de uma experiência.

Há uma passagem no Livro de Jó em que ele diz:
> Até agora tinha ouvido falar de ti, tinha ouvido discursos a teu respeito, dizendo-me que Tu eras bom, que eras uma pessoa de bem. Agora os meus olhos viram-te, agora fiz a experiência da realidade que é aquilo que ela é, e agora, através desta experiência, descubro que tudo o que me aconteceu foi para me conduzir a essa presença.

A presença do "Eu Sou" que é, e que se revela em nós não apenas através das experiências maravilhosas e agradáveis que nos podem acontecer, mas também através das provações.

Neste belo livro do *Diálogo com os anjos* é também no coração de uma situação desesperadora, em um dos momentos mais sombrios da guerra, quando todas as respostas bem-intencionadas caem por terra e que os quatro jovens amigos estavam reunidos e não encontravam nenhuma explicação para as desgraças que lhes estavam acontecendo, que o anjo lhes fala. Ele os ajuda não apenas a encontrar um sentido para o que lhes estava acontecendo, mas a descobrir em si próprios uma força, uma alegria e uma paz que lhes deu a capacidade de atravessar aquela provação e de a transformar em ser, em sujeito, em "Eu Sou"...

Como o Profeta Elias, é possível que estejamos cansados, cansados de viver.

Como Jó, talvez estejamos sendo colocados à prova no nosso corpo, no nosso coração ou no nosso espírito.

Como Sara, é possível que nos sintamos demasiado gastos para ousarmos ter prazer.

É nesse momento que devemos deixar vir até nós a presença do anjo, a presença d'Aquele que É, uma presença infinitamente discreta.

O silêncio de um Sopro sutil...

Respirar com ele...

Deixarmo-nos habitar e refrescar por ele ou deixarmo-nos aquecer por ele.

Deixarmo-nos iluminar.

Permanecer na sua calma, na sua compaixão, na sua claridade...

Moisés e a sarça ardente

> Moisés apascentava o rebanho de Jetro, seu sogro, sacerdote de Madiã. Um dia em que conduzira o rebanho para além do deserto, chegou até a montanha de Deus, Horeb.

O anjo do Senhor apareceu-lhe numa chama (que saía) do meio de uma sarça. Moisés olhava: a sarça ardia, mas não se consumia. "Vou me aproximar, disse ele consigo, para contemplar esse extraordinário espetáculo, e saber por que a sarça não se consome." Vendo o Senhor que ele se aproximou para ver, chamou-o do meio da sarça: "Moisés, Moisés!" "Eis-me aqui!", respondeu ele. E Deus: "Não te aproximes daqui. Tira as sandálias dos teus pés, porque o lugar em que te encontras é uma terra santa. Eu sou – acrescentou – o Deus de teu pai, o Deus de Abraão, o Deus de Isaac e o Deus de Jacó". Moisés escondeu o rosto, e não ousava olhar para Deus (Ex 3,1-6).

O texto nos diz que a sarça de humanidade, cheia de pensamentos espinhosos, é o coração onde a presença de Deus se manifesta, mas ela arde sem se consumir.

Numa linguagem contemporânea poderíamos dizer que o *Self* se manifesta no ego sem o destruir, ou seja, a presença de Deus no ser humano não destrói a humanidade, mas ilumina-a por dentro. Este é um ensinamento importante: o divino não destrói o humano, mas torna-o mais humano... A presença de Deus não destrói o ego, mas abre-o; a lagarta transforma-se em borboleta...

A presença do anjo recorda-nos que o ego, o corpo, a forma na qual estamos não são maus nem ruins.

É no coração da sarça cheia de espinhos que podemos acolher a luz; essa luz não destrói os nossos limites, mas os abre à presença Infinita. O Infinito não é contra os limites, o Infinito ilumina os limites. Trata-se, portanto, de aceitar a nossa humanidade.

É nessa humanidade, no nosso pequeno eu sou, que o grande "Eu Sou" pode se revelar. É o que nos é dito na continuação do texto do Êxodo:

> "Vai, eu te envio ao faraó para tirar do Egito os israelitas, meu povo". Moisés disse a Deus: "Quem sou eu para ir ter com o faraó e tirar do Egito os israelitas?"
>
> "Eu estarei contigo – respondeu Deus – e eis aqui um sinal de que sou eu que te envio: quando tiveres tirado o povo do Egito, servireis a Deus sobre esta montanha".
>
> Moisés disse a Deus: "Quando eu for para junto dos israelitas e lhes disser que o Deus de seus pais me enviou a eles, que lhes responderei se me perguntarem qual é o seu nome?"

É junto da sarça que ele recebe a resposta, ou seja, no próprio coração da sua humanidade e dos seus limites:

> Deus respondeu a Moisés: "EU SOU AQUELE QUE EU SOU" (*eyeh asher eyeh*). E ajuntou: "Eis como responderás aos israelitas: (Aquele que se chama) EU SOU envia-me junto de vós".
>
> Deus disse ainda a Moisés: "Assim falarás aos israelitas: É YHWH, o Deus de vossos pais, o Deus de Abraão, o Deus de Isaac e o Deus de Jacó, quem me envia junto de vós. Este é o meu nome para sempre, e é assim que me chamarão de geração em geração" (Ex 3,10-15).

Portanto o sentido do nome divino, do nome indizível, que se pronuncia no Sopro, é: "Eu Sou"...

Eu estou, Eu sou contigo... E o anjo é aquele que nos recorda a presença do "Eu Sou" em nós, na nossa sarça de humanidade.

Mais à frente nos é dito que: "O meu anjo seguirá à tua frente". Isso significa que o anjo é quem abre o nosso caminho e por isso é importante invocar o anjo quando estamos em um impasse, quando temos a impressão de que não conseguimos avançar, e lembrar-mo-nos dessas palavras: o anjo da Vida vai à nossa frente, é ele quem nos abre o caminho, mesmo quando não temos nenhuma vontade de avançar...

Aqui deparamos com a história do Profeta Elias, quando foge daqueles que o perseguem.

O anjo diz-nos que todos os nossos desvios e todos os nossos impasses fazem parte do caminho. São os nossos erros que nos conduzem à verdade, mas o erro não é a mentira. Este é um ponto sobre o qual o anjo insiste: os nossos erros fazem parte do caminho, mas a mentira desvia-nos do caminho.

Não devemos mentir para nós mesmos, temos que ser verdadeiros para conosco.

Jesus nunca disse: "Eu tenho a verdade", mas: "Eu sou a verdade".

Quanto mais avançamos no caminho, tanto menos verdades temos a impor aos outros.

Se Jesus tivesse dito: "Eu tenho a verdade", haveria aqueles que teriam a verdade e aqueles que não teriam a verdade. Podemos imaginar todas as guerras que poderiam ter surgido em consequência dessas palavras.

Não se trata de possuir a verdade, mas de ser verdadeiro, de não mentirmos para nós mesmos. Entre duas pessoas que possuem a verdade – e a minha verdade não é a tua verdade – acontece uma guerra! Entre duas pessoas que são verdadeiras não existe guerra nenhuma, há uma escuta. Isto é importante para o encontro das religiões. Se uma das religiões pretende possuir a verdade, não pode senão provocar guerras e conflitos. Se, pelo contrário, uma religião nos ajuda a sermos verdadeiros, não surgirão conflitos.

Uma vez perguntei ao dalai-lama: "Para você, qual é a melhor religião?" Eu pensava que ele ia me responder: "A melhor religião é o budismo". Mas ele respondeu: "A melhor religião é aquela que nos faz melhores".

É uma resposta digna do anjo! A melhor religião para cada um de nós é aquela que faz de nós pessoas mais verdadeiras. Nós não possuímos a verdade, nós temos cada vez menos verdades, mas podemos nos tornar cada vez mais verdadeiros, aproximarmo-nos o mais possível daquilo que consideramos ser a verdade, uma verdade que nos transforma, nos torna melhores.

O livro *Diálogo com os anjos*, insiste muito sobre este poder da transformação: uma verdade que seja apenas um dogma, que não transforme o coração do homem, não o torne mais verdadeiro, não serve para nada!

Será que os ensinamentos que recebemos na nossa igreja, na nossa comunidade, ou na nossa associação, nos tornam mais inteligentes?

Intelegere significa "ler por dentro", por dentro dos acontecimentos. Ser inteligente não é repetir aquilo que nos foi dito e apresentado como verdadeiro, mas é despertar em nós uma vigilância. O Evangelho nos diz: "A verdade vos libertará".

A palavra "verdade" – em grego *aletheia* – literalmente significa "sair da letargia", "estar desperto". As palavras do Evangelho deveriam ser traduzidas de uma forma mais literária: a vigilância vos libertará, permanecei vigilantes em todas as circunstâncias. Isso é a própria fonte da liberdade, a condição para não sermos um objeto, mas sujeitos das circunstâncias.

Esta também é uma das mensagens do anjo. No entanto, essa vigilância não quer saber por que, ela observa aquilo que é, sem perguntar pelo porquê.

No *Diálogo com os anjos* está escrito:
> Assim risca essa palavra porquê.
> Eu nunca te responderei à pergunta: por quê?
> Nunca mais pronuncies a palavra: porquê.
> Mas cumpre sempre a tua tarefa
> sem porquês.

Este "sem porquê" também encontraremos em Angelus Silesius – grande místico da linhagem de Mestre Eckhart. Ele tem esta bela expressão: "A rosa floresce porque ela floresce, ela floresce sem porquê".

Angelus Silesius nos diz que a tarefa do homem é a de florescer sem porquê. A flor não se pergunta a si própria se o seu perfume vai ser respirado por alguém que seja digno dele. Ela dá o seu perfume, simplesmente, e desse modo cumpre a sua tarefa, a sua missão.

A missão do ser humano também é a de dar o seu perfume – amar sem porquê, aprender a amar sem motivo, sem justificativa.

Nunca nos cansamos de encontrar justificações, mas o anjo nos convida a fazer as coisas porque desejamos fazê-las. A justificativa é o dom que está em nós, a vida que deseja dar-se em nós, que não procura uma finalidade especial. É uma maneira de viver que não é assim tão evidente, à primeira vista.

Quando perguntamos a alguém por que gosta de nós e essa pessoa nos responde dando suas razões: "porque você é bonita", "porque você é inteligente", podemos perceber que tal amor é frágil... Será que essa pessoa ainda vai gostar de nós se não formos mais bonitos ou inteligentes?

Quando o verdadeiro amor nos faz dizer "eu te amo porque você é você, e eu não sei por que..." nesse momento tocamos em algo gratuito em nós, que não tem porquê...

Viver sem porquê é fazer a experiência da graça, fazer as coisas graciosamente... As palavras "graça" e "gratuito" têm a mesma etimologia.

Há pessoas que são muito bonitas, mas que não têm graça nenhuma. Há pessoas que não o são, mas têm muita graça. A graça é a beleza que se dá, a rosa que floresce sem porquê, floresce por florescer...

Às vezes é importante saber ser feliz sem porquê: oferecer à humanidade um momento de felicidade sem qualquer razão.

É desta alegria que o anjo falava frequentemente, é o ar do mundo novo, ou seja, o ar da gratuidade. Mais uma vez, isto é algo que não se encontra no mundo. No mundo tudo se compra, tudo se paga. O que é que não se compra, o que é que não se paga? Talvez seja aquilo que há de mais precioso, e o anjo nos chama para o sentido dessa realidade: descobrir em nós esse tesouro que não se pode comprar nem vender. Essa presença sem porquê, esse dom da Vida para além de todas as explicações que possamos dar...

Mestre Eckhart dirá que o mundo existe sem porquê, que ele existe como uma manifestação da presença do Ser. Por vezes acontece sentirmos isso mesmo interiormente. Nessas ocasiões aproximamo-nos daquilo que é o nome divino. Eu sou porque eu sou, eu não sei quem eu sou, mas eu sou... sem porquê...

Esse é um momento de graça, de gratuidade em que o obstáculo se transforma. Não há um desejo de sucesso, mas simplesmente, uma adesão àquilo que é. Através dessa adesão àquilo que é tudo se transforma, até a própria morte.

No *Diálogo com os anjos*, a certa altura, Joseph (uma das personagens do livro) estava na eminência de perder o pai e pede ao anjo que ele lhe fale sobre a morte. O anjo responde:

> Tu fazes uma pergunta sobre algo que não existe,
> mas eu te respondo, mesmo assim.
> Aquilo que embaixo é visto como sendo morte,
> visto de cima é vida.
> Tu também estás morto
> e vives eternamente.

Existe em nós algo que vive e algo que morre. Desde o dia em que nascemos começamos a morrer. Aquilo que o anjo pede a Joseph é que descubra o que está vivo nele, o que está para além do nascimento e da morte. Opomos muitas vezes a vida à morte, mas o anjo nos diz que a vida não tem contrário. O contrário do nascimento é a morte. O contrário da morte é o nascimento, mas os dois estão ligados:

> Há células que morrem e outras que nascem,
> não é a morte que é má,
> mas a tarefa não cumprida.
> O fruto quando está maduro cai por si só.
> O fruto que cai está maduro
> e portanto está bom.

Tudo se transforma, mas há em nós alguma coisa que se situa além do nascimento e da morte e devemos despertar para essa realidade. Há a vida que eu tenho e que nem sempre terei e há a Vida que "Eu Sou", sempre...

Se falamos de Vida eterna, devemos precisar que ela não é a vida após a morte. Se é eterna, ela o é antes, durante e depois da morte...

Jesus dirá: "Aquele que crê em Eu Sou, conhece a Vida eterna". Aquele que adere ao "Eu Sou" que está nele, já se encontra na Vida eterna.

A Vida eterna é a dimensão de eternidade que está no próprio coração da nossa vida, que a habita.

Mas como podemos fazer essa experiência? O lugar para onde vamos quando morrermos é aquele para onde vamos no final de cada expiração. O momento da nossa morte é aquele em que expiraremos mais profundamente e não voltaremos a inspirar nesta dimensão.

É por isso que é interessante explorar esse espaço entre a inspiração e a expiração, esse espaço no final da expiração. Esse espaço é um momento não mental, um momento de puro silêncio... É aí que devemos descobrir a presença do "Eu Sou". O lugar para onde iremos no momento da nossa morte é um lugar onde já nos encontramos. Um dia perguntaram a Ramana Maharshi: "Para onde você vai quando morrer?" Ele respondeu: "Vou para onde eu tenho estado desde sempre, para onde 'eu sou' desde sempre..."

É uma resposta interessante e até seria possível estabelecer uma relação entre certas palavras do *Diálogo com os anjos* e as sábias palavras de Ramana Maharshi.

Morrer é regressar a um país que nunca chegamos a deixar.

É o que diz o anjo a Joseph: "O teu pai vai para onde sempre esteve", no segredo do seu Ser, no segredo da sua Vida que chamamos de Vida eterna...

Talvez para nós isto não passe de palavras, mas, quaisquer que sejam as nossas crenças, todos faremos esta experiência no momento da morte.

Aquilo que todas as grandes tradições chamam de "iniciação" é morrer antes de morrer, ou seja, despertar, antes de morrer, para essa dimensão de Vida eterna. É por isso que o Evangelho de Filipe é bem explícito ao dizer que Jesus já tinha ressuscitado antes de morrer. Ele estava desperto para esta dimensão de Vida eterna. Como Ele diz a Maria e a Marta: "Aquele que crê em Eu Sou já se encontra na Vida Eterna".

Não é só no fim dos tempos, não é só no momento da sua morte que você poderá saborear a essência da Vida, mas é no próprio coração da sua vida mortal.

Neste momento podemos nos libertar do medo da morte. E o que é a morte? É a morte do medo da morte, é a perda dos nossos limites, a abertura do nosso ser ao Ser infinito que já está presente.

O sinal que descemos até às profundezas do Ser é quando já não temos mais medo da morte.

Este é um dos sinais da presença do anjo em nós: o medo da morte desaparece. Já não temos medo de ter medo... Enquanto estivermos nos nossos limites, teremos sempre um pouco deste medo. Isso faz parte do nosso ego, do nosso pequeno eu que desperta para uma luz maior.

Mais algumas palavras do anjo, que podem nos ajudar no nosso caminho, como ajudaram Gitta, Hanna, Joseph e Lili[6] a enfrentar a morte:

> A pureza significa que tudo está no seu lugar,
> nada é impuro em si mesmo,
> mas às vezes as coisas não estão no lugar que lhes é próprio.

A importância de encontrarmos nosso lugar no mundo, na nossa família. Sabemos que isso nem sempre é fácil. Qual é o meu lugar? É a mesma coisa que perguntar: qual é a minha tarefa? Qual é o modo único em que o Amor se encarna em mim?

---

[6]. Personagens do livro *Diálogos com o Anjo*, de Gitta Mallasz.

É importante lembrarmo-nos que somos todos filhos únicos. Cada um de nós é um modo único de encarnar o Amor. Uns amam com as mãos, com os seus cuidados, outros amam mais com as orações, com a intercessão; não se deve comparar uns aos outros. O que eu posso fazer que mais ninguém pode fazer no meu lugar? Qual é a minha forma própria de amar? Qual é a minha maneira de ser inteligente? Cada qual é inteligente à sua maneira, mas trata-se de encarnar o modo que nos é próprio e, então, estaremos no nosso lugar e cumpriremos nossa tarefa.

Dissemos várias vezes que nosso lugar é sobre a terra, debaixo do céu e no Sopro. Se nos encontrarmos nessa consciência do eixo, se, quando fizermos alguma coisa, estivermos bem enraizados na matéria e ao mesmo tempo abertos à dimensão da luz, se o nosso sopro é consciente e se o ajustarmos ao ato que praticamos, então sentiremos que estamos em nosso lugar...

O anjo nos diz que tudo o que fizermos deste modo é puro.

Às vezes, as pessoas perguntam: Qual será a atitude certa, nesta ou naquela situação?

Não há atitudes certas, não há senão atitudes que se acertam. Aquilo que em determinada ocasião é certo, não é certo em outra.

Por exemplo, quando acompanhamos alguém que está na fase terminal da vida, uma palavra que foi certa para essa pessoa, pode não ser para outra. De modo idêntico com os nossos filhos, a atitude que foi certa para um pode não ser certa para outro.

Não há atitudes certas, há atitudes que se acertam. Estar no seu lugar é estar e ser, no presente. Este é também um ensinamento importante do anjo: viver no presente. Na maior parte do tempo estamos em nossos remorsos ou projetos. Trata-se de estar no segredo do presente e esta é, na verdade, uma grande prática.

Quando atravessamos uma dificuldade temos precisamente a força necessária para atravessarmos a provação presente. No entanto, se começarmos a pensar no que vai acontecer mais tarde, corremos o risco de ficar submersos. Trata-se de viver cada uma das coisas no presente, pois a força nos será dada no presente.

É claro que somos convidados a aprofundar estas respostas do anjo e a meditarmos este belo livro que nos foi dado na nossa época como fonte de esclarecimento e que nos convida a olharmos para o que acontece com um novo olhar.

O anjo diz:

> O maior dom que Ele nos deu
> é que nós possamos dar.
> É dessa maneira que nós nos transformamos
> e que somos Ele.

Recebemos a capacidade de dar e, através deste poder do Dom que está em nós, é a própria Vida d'Aquele que É que se atualiza.

> Toda erva dá o seu fruto,
> todo o ser dá,
> essa é a lei, todos são obrigados a isso,
> nós somos livres de o fazer,
> nós damos livremente.

De novo, a referência à parte que nos cabe: à nossa abertura, à nossa escuta, à nossa atenção para com Aquele que se quer dar através de nós.

- De que forma a Vida poderia se dar em nós?
- De que forma única?
- Qual é a forma que a Vida quer tomar em mim para se dar?
- Qual é o meu modo de amar?
- Qual é o meu modo de ser inteligente?
- Qual é a minha tarefa?
- Qual é o meu objetivo, o meu fim?

Talvez seja o momento de ficar à escuta, e de deixar que o anjo nos inspire... Não só agora, neste instante, mas sabendo que este instante pode ser decisivo... Não se trata de prever as coisas, mas de tomar a decisão de estarmos vigilantes, atentos.

Ao desenvolvermos em nós essa qualidade de atenção seremos apenas um com a Vida e também poderemos encontrar essa Vida em nosso sopro... Ela não está longe de cada um de nós... Ela respira nas profundezas do nosso ser...

Ela está presente na nossa expiração, no silêncio presente no fundo de nossa expiração... Deixar vir a inspiração, como um presente, como o próprio dom que a vida nos dá, de existirmos e de estarmos aqui. Deixar passar aquilo que passa... Permanecer com aquilo que permanece...

Podemos também oferecer um momento de silêncio e de paz a toda a humanidade e à terra. Sabemos que todas as coisas estão interligadas. Não são apenas os anjos que o dizem, são também os cientistas.

O silêncio, em nós, é aquilo que é capaz de acolher todos os barulhos sem se perturbar.

O espaço não é picado pelos mosquitos – sentir esse espaço que acolhe tudo o que é, que escuta tudo o que é, sem se opor, sem se apegar.

Voltar à consciência do Nome no coração do Sopro, à consciência da presença do Ser que é, no coração do Nome.

Observar, sem julgar, as nossas impaciências, relaxar as nossas tensões.

Ser apenas Um com a Vida que nos é dada neste instante.

Receber e dar, inspirar e expirar...

Permanecer neste movimento da Vida que se recebe e que se dá.

Deixar ser Aquele que É, aquele que ama, aquele que procura verdejar e florir em nós, sem porquê.

Se em nós houver um pouco de paz, existirá um lugar no mundo onde a paz existe.

Se em nós houver um pouco de alegria, existirá um pouco de alegria no mundo.

Acolher com gratidão o dom da vida...

Para o nosso bem-estar e o bem-estar de todos...

Diálogo com os anjos

Todos homens são dois homens;
Um está acordado na escuridão
E o outro está dormindo na luz.

Khalil Gibran

Essa presença, que nos ensina a abrir os olhos, a discernir o Um no múltiplo. Presença que, na altura em que nos sentimos velhos, gastos e cansados, nos lembra a capacidade de dar e de gerar o novo. É ela que nos convida a segurar as duas extremidades da escada, a não opor a matéria à luz na medida em que a matéria é a forma mais densa da luz e nos lembra que a matéria ama a luz, como a luz ama a matéria, mesmo que essa integração do espiritual e do material, nas nossas vidas, nos faça parecer, de vez em quando, um pouco cambaleantes e coxos.

A presença do anjo nos vem despertar e erguer, nos momentos em que somos tentados a ficar dormindo para sempre e que há um alimento que nos é dado, um alimento exterior e um alimento interior, para que continuemos o nosso caminho.

O anjo, por vezes, nos põe à prova: é a experiência do mal e do sofrimento nas nossas vidas, quando vamos até o fim, fazendo-nos compreender que através dessas provações somos chamados a descobrir o nosso verdadeiro ser.

A Bíblia (a biblioteca hebraica), nos tempos antigos, nos fala destas manifestações do anjo, assim como as bibliotecas de outras tradições.

É importante sabermos que esses mesmos anjos nos falam também nos dias de hoje. Um dos mais belos testemunhos da presença do anjo é o *Diálogo com os anjos* transmitido por Gitta Mallasz. Tive a sorte de conhecer Gitta Mallasz e posso testemunhar que o anjo, para ela, não era simplesmente uma imagem, mas uma presença que a acompanhou durante todos os dias da sua vida.

Os diálogos deste livro se passam em um dos momentos mais sombrios da história da Europa, durante a II Guerra Mundial. Os quatro amigos que se tinham reunido, nessa escuta dos anjos, estavam sofrendo todo tipo de ameaças. A maior parte dos encontros anotados aconteceu pouco tempo antes de serem presos, pois três das pessoas deste grupo eram judias: Joseph, Hanna e Lili. A quarta, Gitta, era cristã, e por isso pôde escapar ao massacre e nos transmitir aquilo que os quatro tinham recebido.

Estamos em 1943, mais precisamente a 25 de junho de 1943. Os quatro amigos tinham o costume de se juntar para falar sobre questões que, para eles, eram essenciais. E eis que, em dado momento, Hanna muda um pouco de tom de voz e diz: "Atenção, já não sou eu quem vou falar".

Realmente, é como se uma Inteligência ou uma presença falasse por seu intermédio. Poderíamos nos colocar a questão – uma questão que muitas vezes foi posta a Gitta Mallasz – se Hanna não seria simplesmente um médium? Hoje em dia conhecemos muitos médiuns, assim como os livros que dão testemunho das mensagens que são recebidas.

É interessante ver que, para Gitta, Hanna não era um médium. Ela diz: "Hanna nunca esteve em transe, nem em um estado particular, nem mesmo de olhos fechados durante os encontros. Muito pelo contrário, a sua consciência ficava de tal modo desperta, que ela se apercebia simultaneamente dos fatos da vida visível e da vida invisível" – da mesma maneira como nós podemos, simultaneamente, ouvir os barulhos do que se passa na sala ao lado, e estar atentos ao Sopro que nos inspira e nos expira...

Gitta insistirá muito sobre o caráter natural dos encontros com o anjo. Ela dirá que essa voz interior é a voz do nosso próprio *Self*, é o *Self* no coração do eu, do ego, é o nosso duplo de luz. Alguns falam sobre "inteligência superior". Gitta falará sobretudo da presença do anjo como sendo a presença do Mestre interior. Não se tratava, portanto, de uma procura de comunicação com os defuntos ou com os mortos ou da busca de um estado de consciência alterado. Na verdade, o anjo terá, por vezes, palavras bastante duras sobre o espiritismo. Ele dirá:

> Não são os mortos que devem ser invocados,
> mas a vida eterna!
> Aquilo que invocam, recebem.
> Deixai os mortos com os mortos!

Este é um aspecto importante: recebemos o que invocamos, nós nos tornamos aquilo que amamos, aquilo que olhamos. É como um espelho: se nos voltarmos à luz, nos tornaremos luz; se nos voltarmos para o caos, nos tornaremos caos...

Uma das mensagens do anjo é a de nos lembrar que quaisquer que sejam as situações em que nos encontremos, quaisquer que sejam as sombras que atravessemos, devemos dirigir a nossa inteligência e o nosso coração para a luz, pois o exercício da nossa liberdade é a capacidade de nos erguermos.

Invoquemos a alegria e o seu reino virá.

Estas palavras são ditas em um dos momentos mais tristes e dramáticos de nossa história. São momentos em que o anjo, por vezes, pode vir ao nosso encontro. Em vez de nos afundarmos na tristeza, no estado de vítima, ele nos recorda a força e a nobreza que há em nós.

Podemo-nos deixar ser objeto das circunstâncias, objeto dos sintomas quando adoecemos, ou podemos tornar-nos sujeitos das circunstâncias: "Eu tenho um câncer, mas eu não sou um câncer". Trata-se de não nos identificarmos aos sintomas: "Eu estou triste, estou sofrendo, mas eu não sou esse sofrimento, não sou essa tristeza". Nessa altura devemos invocar a Alegria e a presença do "Eu Sou" que se encontra em nós; o "Eu Sou" que é maior do que nós.

Por que o mal? Por que a guerra? Por que todas essas invejas, essas violências? O anjo nos diz:

> O mal é o bem em formação,
> o bem que ainda não está formado.
> Tu acolhes em ti o mal
> e o transformas no que é bom,
> porque o mal não existe,
> só existe a força que ainda não foi transformada.

A tarefa do mal é a de pôr à prova. O Livro de Jó nos diz que a função do mal é a de nos provar, mas também de nos fortalecer, de certo modo. O mal é aquilo que ainda não foi transformado e esta é uma informação muito importante para nós. Quando temos qualquer doença, a questão é o que fazer com ela. O que fazemos do nosso câncer? Do nosso divórcio? O que fazemos desta situação difícil pela qual devemos passar na nossa existência?

Nestes casos o anjo nos lembra que estas provações da nossa existência são ocasiões de transformação, ocasiões para sermos nós mesmos, ou melhor, para nos descobrirmos a nós mesmos, para descobrirmos não apenas os nossos limites, mas também a força que está no coração desses limites; a paciência que está no coração de nossas impaciências; a paz que está no coração de nossas perturbações...

O mal é o bem que ainda não adveio, que ainda não nasceu. Este é um dos aspectos essenciais destas mensagens do anjo: recordar-nos que estamos, incessantemente, nos transformando.

Estamos, sem cessar, num processo de fazer nascer, através da nossa liberdade e dos nossos atos conscientes, o novo, o bem que está para chegar, a luz que está para nascer.

O anjo dirá ainda:

> Porque o mal não existe – só existe a tarefa que ainda não foi reconhecida.

Ou seja, fazer da provação que nos acontece uma ocasião para o crescimento e a transformação.

Estas palavras talvez possam nos chocar, porque também nos é dito que o mal é o berço da Alegria eterna:
Ódio, fogo e veneno são o berço da alegria.

Como reconhecer o ódio e a raiva que existem no meu coração? É o próprio fato de reconhecer que vai permitir a transformação. Tudo o que não for aceito não pode ser transformado. Trata-se de aceitar as sombras que estão em nós, porque é com elas que a luz se fará, é com essa matéria espessa e pesada que iremos entrar na luz que a habita no seu segredo.

O anjo nos convida para o trabalho da alquimia, transformar o chumbo em ouro, mas, antes de fazê-lo, é necessário aceitar o chumbo. O chumbo, em alguns momentos da nossa existência, é muito pesado; no entanto, o ouro está no próprio coração do chumbo. A pedra filosofal é esse Amor e essa consciência que podem transformar todas as coisas, contudo o Amor e a consciência que podemos introduzir em nossas provações nos dão a liberdade de nos abrirmos a elas ou de nos fecharmos nelas, de recusarmos a tarefa que nos é confiada: de recusar o anjo.

Malach ("anjo" em hebraico, mas também "trabalho", "tarefa"): A presença do anjo em nós é aquilo que transforma cada uma das nossas provações numa tarefa a cumprir. Por vezes a tarefa não é fácil, mas aquilo que nos é dito, sem cessar, é que o objetivo é a luz. As provações pelas quais passamos não existem para nos destruir, mas para construir em nós o Ser de luz, o nosso Ser verdadeiro, a própria presença do "Eu Sou" em nós.

Poderíamos recordar algumas outras palavras a respeito:
- Eis a nossa guerra,
não lutes contra a doença,
mas fortifica o que é são.
Não é a mesma coisa.
Também te digo mais uma vez:
propaga a saúde.
- Por isso, digo-te: Propaga a saúde!
Transmite apenas saúde! É essa a nossa guerra,
Não lutes contra a doença – fortalece o que está são!
São coisas bem diferentes.

O anjo pede que estejamos à escuta daquilo que é são em cada uma das pessoas; são palavras especialmente importantes para os médicos e terapeutas. Não se trata de estar apenas atento à doença ou aos sintomas, mas de cuidar daquilo que é são no ser humano, pois é a partir do que é são que a cura poderá surgir. Estas palavras do anjo assemelham-se à inspiração dada e transmitida pelos terapeutas de Alexandria. Quando dizemos o terapeuta cuida do Ser, isso quer dizer que ele cuida daquilo que não está doente no ser humano porque é a partir disso que a cura pode acontecer.

É importante, quando olhamos para as nossas próprias doenças ou para o nosso sofrimento, não nos determos naquilo que nos destrói, mas olharmos para o que há de luz em nós. É precisamente o contrário da culpa e da autopiedade. É a partir daquilo que é são, daquilo que é feliz em nós, que a transformação pode acontecer.

"Não lutes contra a doença, mas fortalece o são." A presença daquilo que é saudável em nós é fonte da nossa transformação. Portanto, não devemos nos lamentar sobre os nossos limites. Um dia, quando Gitta se lamentava por causa do seu pequeno eu, dos seus limites, do seu ego que ela tinha tendência a considerar com desprezo, o anjo lhe disse:

O teu maior tesouro é esse pequeno eu;
que milagre que é a pessoa.
Desde tempos infinitos que ela se forma,
e tu, criança tola, a detestas.

Não devemos desprezar o nosso pequeno eu; esta forma na qual nos encontramos, esta sarça cheia de espinhos, é o lugar onde "Eu Sou" vai se revelar. É neste corpo frágil e transitório que a presença do infinito pode ser saboreada e conhecida, é como se houvesse um rio no interior do cântaro e o espaço que está no interior dele é o mesmo que preenche todo o universo. No entanto, para compreender isso, não é preciso quebrar o cântaro, trata-se apenas de abri-lo. É por esta razão que o anjo precisará, várias vezes, que o sofrimento nem sempre é necessário. O que é necessário é a consciência, a consciência deste espaço que nos habita. Nem sempre serão o sofrimento ou as provações que poderão abrir o cântaro; na verdade, eles podem fazer com que o cântaro corra o risco de se partir e o importante é que ele se abra: sermos conscientes, no coração do nosso ser finito, do infinito que o habita. Sermos conscientes, no nosso Ser de matéria, da luz que habita essa matéria...

O anjo nos fala sobre a importância desta união entre a matéria e a luz:

Se pudessem compreender
a atração de amor do peso pela luz,

se pudessem pressentir
a atração de amor da luz pelo peso,
nessa altura poderiam saborear a embriaguez.

O ser humano é o encontro dos dois: matéria e luz, e este encontro é simbolizado pela Estrela de Davi. Às vezes somos "estrelas danificadas", pois dizemos que é a luz que faz tudo e esquecemo-nos da importância do eu; a graça é como um peso que nos esmaga, que esmaga a nossa humanidade. Outras vezes pensamos que é pelas nossas próprias forças que vamos chegar à luz. Nesse caso, a graça é como se fosse um pequeno apêndice. O que é necessário é encontrar a estrela, a ligação entre as duas partes.

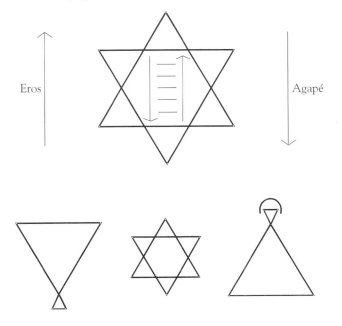

O mesmo se passa com o símbolo da cruz. Na origem, a cruz é a união da vertical e da horizontal, das quatro direções que formam o quadrado. Por vezes a cruz torna-se sobretudo vertical, insiste-se na transcendência e esquece-se a dimensão horizontal; insiste-se no amor de Deus, mas esquece-se o amor dos seres humanos. Essa forma parece-se com a cruz dos jansenistas.

Hoje em dia, em alguns meios, insiste-se muito sobre a horizontal e, algumas vezes, esquece-se a dimensão vertical, que é a dimensão contemplativa, o sentido da transcendência. Neste caso também, a cruz fica danificada. Trata-se, portanto, de sentirmos essa dupla atração e de integrar as duas dimensões: a presença imanente do Ser, a presença de Deus no universo, na matéria, no corpo humano, mas também o sentido da transcendência: o sentido do invisível, o sentido dessa presença que nunca poderemos possuir.

"Se pudessem compreender a atração de amor do peso pela luz", é aquilo a que chamamos de eros: o desejo do Belo, do Verdadeiro, do Bem.

"Se pudésseis pressentir a atração de amor da luz pelo peso..." É aquilo a que chamamos "*Agapé*"... Trata-se de manter os dois unidos.

Isto significa manter o esforço e a graça em conjunto. Há a nossa parte, a nossa orientação, a nossa escolha, e há também a graça que nos acompanha...

Os antigos dizem que um pássaro, para voar, precisa de duas asas e o homem para escutar o seu anjo, para encontrar o seu anjo interior, também precisa destas duas asas: a asa do esforço e a asa da graça. Esta realidade é colocada em relevo no *Diálogo com os anjos*:

> Dou-te metade da resposta,
> omito a outra metade.

Cabe a nós encontrar a outra metade. O anjo não mastiga o nosso alimento, mas abre-nos o apetite. Gitta Mallasz dizia que o anjo não nos saciava, ele excitava a nossa vontade de comer, ele alimenta o nosso desejo e, desse modo, percebemos que o anjo é um grande pedagogo. Às vezes, com os nossos filhos, o que queremos é dar-lhes tudo, e lhes damos um alimento que eles não querem. Por isso, muitas vezes, acabam por rejeitá-lo, isso é verdadeiro, sobretudo em matéria de religião. Muitas vezes respondemos a questões que nem sequer foram levantadas. Seria preferível estimular as suas perguntas, acompanhá-las e seguir juntos em direção à fonte que responde às nossas questões...

Gitta Mallasz dirá que aquilo que o anjo quer, acima de tudo, é a nossa transformação contínua, mas essa transformação é uma obra nossa, uma obra que pode ser inspirada pela graça. No entanto, a graça não faz as coisas por nós, ela respeita a nossa liberdade.

Quando olhamos para uma rosa, alguns poderão dizer: "Como Deus faz rosas tão belas". Outros poderão dizer: "Não é Deus quem faz as rosas, é a roseira".

Talvez sejam os dois. A roseira sem a chuva, sem o sol e sem a Vida, não poderia produzir rosas, mas o sol e a chuva e o dom da Vida passam através da roseira.

Através destas palavras percebemos que não é possível opor a psicologia à espiritualidade. A psicologia serve para limpar o nosso terreno, para adubar a nossa roseira. Como diz o Evangelho: é preciso tirar as pedras e regar a roseira, e esse é o nosso trabalho, mas a seiva, o movimento próprio da Vida, esse nos é dado...

A graça do despertar não depende de nós. Podemos criar as melhores disposições, mas a graça não depende apenas do nosso trabalho. Não é içando as velas que fazemos com que o vento se levante, mas, se tivermos as velas içadas, teremos que remar menos, pois o vento pode soprar e, se as velas não estiverem içadas, continuaremos a remar indefinidamente.

Devemos manter os dois reunidos: Içar as nossas velas, o que quer dizer: orientar o nosso coração e o nosso espírito na direção da luz. Quando a luz quiser, ela poderá manifestar-se. Portanto, "dou-te metade da resposta e omito a outra metade". O anjo é a nossa metade de luz, mas nós temos a nossa metade a cumprir e a realizar, e o homem inteiro são os dois em conjunto. Não seremos nunca plenamente humanos enquanto não integrarmos em nós o anjo. O homem sem o seu anjo não é ainda um ser humano...

Na filosofia de Platão fala-se muitas vezes do homem que perdeu as suas asas. A questão é reencontrá-las. Nós não precisamos apenas ser ajudados, nós temos também necessidade de ser alados, de reencontrar essa dimensão espiritual. A nossa tarefa é essa compreensão espiritual de tudo o que nos acontece, essa compreensão espiritual das provas que temos que atravessar.

Poderíamos recordar que neste caminho a dimensão do obstáculo não é um castigo, mas uma prova de confiança. A Vida tem confiança em nós; através desse obstáculo nós podemos crescer.

Não há desvios, por mais tortuosos que sejam,
que não possam ser caminho.

Questões

1) – O senhor poderia mencionar algum trecho do Diálogo com os anjos que poderia ser útil para as instituições?

– Encontrei dois trechos:

Um deles é quando Gitta Mallasz se colocou a mesma questão numa ocasião em que foi convidada para participar no Colóquio de Córdova[7]. Alguns pensadores tinham encontrado no *Diálogo com os anjos* certos paralelos com as descobertas da física e da neurofisiologia. O anjo diz:

> A ciência é filha do deslumbramento,
> o deslumbramento e a curiosidade são coisas diferentes.
> Há muitos curiosos, mas houve deslumbrados
> quer em tempos muito antigos, quer agora.
> Podes encontrá-los e eles vêm.

Aqui vê-se a ressonância possível entre a ciência e a espiritualidade.

No cartaz do Colóquio de Córdova havia o rosto sonhador de Einstein e a figura sorridente do anjo, tendo como fundo um céu es-

---

[7]. Reunião, em outubro de 1979, de numerosas figuras de relevo em várias áreas da investigação científica mais avançada, nomeadamente da psicologia analítica e arquetípica, da neurofisiologia, da física quântica, etc. As comunicações foram publicadas num volume intitulado *As duas leituras do universo*, editado pela editora Stock em colaboração com France Culture, em 1980.

trelado. É uma bela imagem deste encontro possível entre os curiosos e os maravilhados.

Da mesma maneira, poderíamos nos interrogar sobre a ligação entre a ciência e as religiões. Aqui também encontramos as palavras do anjo:

> À nova luz reconhecer-se-á que elas são um,
> a ciência e a religião.
> Elas foram sempre um,
> um como a melodia e o ritmo,
> inseparáveis.
> Cada um dos membros da grande orquestra
> toca em separado,
> mas a sinfonia é uma.
> Umas vezes é o violino que conduz,
> outras vezes é o violoncelo.
> Uma vez a religião,
> uma outra vez a ciência.

Podemos desejar uma instituição, sobretudo se ela trabalhar para o crescimento e o despertar do ser humano, que ela seja um pouco como esta grande orquestra, onde cada um toca separadamente. Cada instrumento tem as suas competências e não se deve misturar tudo, mas também não se deve separar, pois é em conjunto que a sinfonia deve ser ouvida.

Essas palavras também podem nos ajudar no nível pessoal: não opor a razão à intuição, o sentimento à sensação, mas ter sempre em vista essa integração dos elementos e das funções que nos constituem.

2) – O senhor poderia falar sobre a hierarquia dos anjos?

– A palavra "hierarquia" vem de *hiéros*, o santo, a santidade e *arché*, a origem. As hierarquias são, portanto, os níveis de origem da santidade. Existe o Ser na sua luz que é a luz mais intensa e existem graus de participação ao Ser. O nível mais próximo do ser humano, da consciência humana, é o que chamaremos de "anjo". Esse anjo vai nos conectar a um outro nível de Ser, vai nos aproximar do Ser de outra maneira.

Na Epístola aos Colossenses está escrito:

> Sede contentes e agradecidos ao Pai, que vos fez dignos de participar da herança dos santos na luz.
>
> Ele nos arrancou do poder das trevas e nos introduziu no Reino de seu Filho muito amado,
>
> no qual temos a redenção, a remissão dos pecados.
>
> Ele é a imagem de Deus invisível, o primogênito de toda a criação. Nele foram criadas todas as coisas nos céus e na terra, as criaturas visíveis e as invisíveis. Tronos, dominações, principados, potestades: tudo foi criado por Ele e para Ele (Cl 1,12-16).

Fala-se do Cristo que integra no seu corpo os Tronos, os Principados, as Potestades e todas estas hierarquias dos anjos. Mas do que é que se trata? Será que isso também pode ser uma experiência nossa?

Começarei recordando os diferentes planos angélicos. Cada plano angélico é como um raio de um único sol. Como dissemos a propósito do Mestre interior: cada mestre é como uma manifestação do único Mestre.

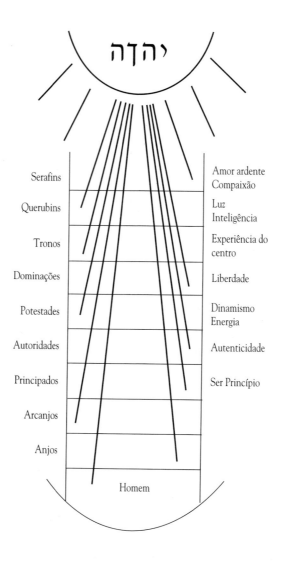

No centro situa-se o nome do inefável, YHWH – הדהי – o Ser que é o que Ele é. Cada anjo é como um raio da divindade que vem iluminar a nossa terra, fecundar a nossa matéria. É também a imagem da escada de Jacó, que faz a ligação entre o céu e a terra.

Os Serafins são os que estão mais próximos do que se poderia chamar o coração da divindade. Serafim, literalmente, significa: "os ardentes".

Há também os Querubins, a seguir temos os Tronos, as Dominações, as Potestades, as Autoridades, os Principados, os Arcanjos, onde encontraremos Gabriel, Miguel, Rafael, Uriel e os Anjos.

É sempre a mesma realidade que se manifesta, que se irradia de forma diferente em nossas vidas.

Que experiência podemos ter do Serafim? A experiência do Serafim é a experiência do fogo, a experiência de um amor ardente no nosso interior. Às vezes podemos fazer a experiência de um amor que não é simplesmente um amor do eu: às vezes existe em nós uma compaixão para com toda a humanidade. É a experiência do coração que se abre à presença irradiante do Amor, a experiência da compaixão incondicional, do amor ardente que não vem só do meu eu, mas de algo maior do que eu. É a experiência de São Francisco de Assis quando o Serafim lhe abre as mãos e o peito. É uma experiência de um amor que reside nele e que lhe abre não apenas o coração, mas também o corpo.

Há também a experiência do Querubim, e neste caso estamos, a maior parte das vezes, saturados de imagens. No Ocidente os Querubins são representados como crianças com umas perninhas gordas, encantadoras; no entanto isso é uma representação curiosa para seres sem corpo, para espíritos...

Na tradição ortodoxa antiga, os Querubins eram representados com asas, com olhos, pois a experiência do Querubim é uma experiência de visão: a visão inocente; é por esta razão que muitas vezes eles são representados como crianças.

Fazer a experiência do Querubim em nós próprios é entrar em um estado de visão sem pensamentos, sem projeção. Existe simplesmente uma abertura inocente Àquilo que É. Não se compreende, mas se vê a realidade como ela é...

Todos nós já tivemos momentos de visão, em que somos mais inteligentes do que a inteligência que temos, e, durante uns instantes, percebemos tudo. É muito simples, mas não dura muito tempo – foi um Querubim que nos visitou.

O Querubim é a abertura da nossa inteligência à presença d'Aquilo que É, numa visão inocente e maravilhada. Esta noção vai ao encontro do que dizem alguns cientistas:

> Eu sei aquilo que eu sei, mas também sei tudo aquilo que eu não sei. Sei que aquilo que eu sei é finito, é limitado, e sei que aquilo que eu não sei é infinito e fico maravilhado não apenas com aquilo que eu sei, mas também com tudo o que ainda não sei.

Isto é a abertura dos olhos do Querubim, os olhos do deslumbramento, do espanto diante da realidade que é, conhecida e desconhecida, manifesta e oculta, visível e invisível.

A experiência dos Tronos é a experiência de estar centrado. É estar na sua bacia, no seu *hara*, a experiência de estar bem enraizado. Às vezes quando caminhamos na natureza há certos momentos em que nos sentimos completamente presentes, há alguma coisa em nós que se pousa e se repousa. Nesse momento encontramo-nos verdadeiramente no nosso lugar.

A presença deste anjo é não apenas uma presença que nos abre o coração, como os Serafins, ou uma presença que nos abre a inteligência, como os Querubins, é uma presença que nos enraíza no instante. Nesse momento, estamos realmente em nosso lugar, fazemos a experiência do centro, a experiência de estarmos centrados, como se pode fazer a experiência da visão ou da compaixão.

É sempre a mesma Vida, o mesmo sol que se exprime, mas que vem ao nosso encontro, possivelmente, em centros vitais diferentes.

O Trono vem despertar-nos no *Hara*; os Querubins despertam aquilo que, na tradição da Índia, se chama de *Ajna*; e o Serafim nos desperta o coração.

Quando São Paulo diz que os anjos habitam corporalmente o Cristo, quer dizer que todos estes centros vitais estão ligados à presença que Ele chamou de "Pai", a Origem de tudo aquilo que vive e respira.

Há também as Dominações. Quando é que somos Senhores? É a experiência da liberdade, na medida em que "senhor" é o contrário de "escravo". Por vezes levamos uma vida de escravos: Escravos daqueles com quem vivemos, daqueles que nos dominam. Às vezes somos escravos das nossas pulsões, das nossas obsessões, dos nossos pensamentos. Outras vezes somos escravos de nossas emoções, tristezas ou depressões.

E no meio dessa escravatura em que nos encontramos há a Senhoria que desperta em nós a experiência da liberdade. Para dizer as coisas de maneira simples: o Senhor em nós é aquele que já não é escravo de coisa alguma, é aquele que é livre. Aqui vamos ao encontro da teologia antiga que nos diz que o Senhor é a liberdade no homem, Deus é a liberdade que há no homem. É por isso que não devemos entregar a nossa liberdade a uma pessoa ou a uma atividade qualquer. A nossa liberdade é a própria presença de Deus em nós, é a presença do Senhor. Assim como dizemos que Deus é Amor, luz e Vida, diremos também que Deus é liberdade – estas são qualidades que temos de desenvolver em nós mesmos. Cada anjo é uma qualidade divina que existe para iluminar a nossa humanidade.

Há também a experiência das Potestades. Em certos momentos da nossa vida estamos muito cansados e sem forças e, no entanto, conseguimos arranjar forças para levantar ainda um peso, para levantar ou ajudar alguém.

Penso que todas as mães que deram à luz um filho fizeram a experiência deste poder, desta força que nos pode atravessar e que está em nós e, ao mesmo tempo, nos supera infinitamente.

Pode ser importante, por vezes, pedir ajuda a essas forças, quando temos a sensação que não conseguimos alcançar os nossos objetivos. Muitas vezes ficamos surpreendidos com uma energia que nos é dada e de que não imaginávamos ser capazes.

Em grego "potestade" é *dinamis*, que também pode ser traduzido por "energia" ou "dinamismo", esta energia de Vida no nosso interior.

Temos também as Autoridades. Qual é a diferença entre o poder e a autoridade? Ou entre a autoridade e o autoritarismo?

Todos conhecemos pessoas autoritárias que nos dominaram, mas essa não é a verdadeira autoridade. Existem professores muito autoritários que precisam gritar para afirmar aquilo que, para eles, estava certo. Há também os que não têm necessidade nenhuma de gritar.

A autoridade é a Verdade que habita num ser e, portanto, não há necessidade de ser autoritário. É a própria autoridade da Vida, a autoridade do Ser, não a autoridade de um poder. Um dos sinais de uma verdadeira autoridade é o fato de ela autorizar. Muitas vezes temos necessidade de ser autorizados para fazermos aquilo que devemos.

Em nossa sociedade, muitas vezes, faltam pessoas com autoridade, pessoas que nos autorizam a ser quem somos, mas não faltam pessoas autoritárias. Isto é importante para os pais. Ter autoridade sobre os seus filhos não significa dominá-los, nem conduzi-los pelos caminhos que poderão ser os nossos, mas, antes, conduzi-los pelos seus próprios caminhos. Autorizá-los a serem diferentes de nós.

É fácil perceber que, para se ter autoridade, é preciso estar muito bem centrado, é preciso que nós próprios estejamos bem em nosso lugar. Só alguém que é verdadeiramente ele próprio pode autorizar o outro a ser ele próprio, e esta autoridade é também um anjo. Quando nos falta autoridade é importante pedir ajuda a esta força que nos centra e também nos liberta do autoritarismo e da vontade de poder. Porque não há outra autoridade a não ser a Autoridade do Ser, a não ser a autoridade do "Eu Sou" em nós...

A seguir temos os Principados. Nesta palavra encontra-se a palavra "princípio". Na Bíblia encontramos a passagem na qual o anjo de Deus diz a Abraão para não mais chamar sua esposa de "Sarai", mas de "Sara". Qual é a diferença?

"Sarai" quer dizer: "a minha princesa", "Sara" quer dizer: "princesa". Eis o caminho que temos que percorrer: você não é apenas a "minha" princesa, você é princesa por si mesma, você é, em si, o seu próprio princípio. Você não me pertence, você pertence a si, própria e ao Ser que a faz ser, ao Princípio que faz de você uma princesa.

É uma grande experiência quando passamos a ter a capacidade de dizer: "eu"; afirmar a nossa diferença não contra o outro, mas com o outro.

Trata-se de uma atitude em que o anjo nos convida ao respeito. Respeitar o outro na sua alteridade e na sua diferença e pedir para nós próprios sermos respeitados na nossa diferença. Eu não pertenço a você, eu não sou uma coisa sua, eu sou aquilo que "eu sou". Quando dizemos: "eu sou aquilo que eu sou", há um eco do nome divino: "Eu sou quem Eu Sou". É o eco na nossa própria voz, na afirmação de nós próprios, da afirmação do Ser.

***

Há também os Arcanjos: Miguel, Gabriel, Rafael e Uriel.

Miguel é o anjo do discernimento. Ao centro encontra-se o Logos, como ele é representado nas catedrais: há o Cristo na mandorla ao meio, e à sua volta aquilo a que chamamos o tetramorfo: o touro alado, o homem alado, a águia e o leão alado.

Estas quatro dimensões correspondem também aos quatro elementos e às quatro funções: razão, intuição, sentimento e sensação, no que respeita às funções e aos elementos água, ar, fogo e terra. A estas correspondências entre os quatro elementos, as quatro direções e as quatro funções podemos ainda acrescentar os quatros arcanjos:

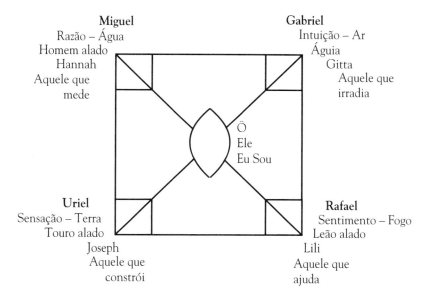

A palavra "El" encontra-se no nome de todos os arcanjos, e significa "Deus"; é, literalmente, "uma direção". O poeta Rainer Maria Rilke dizia que Deus é uma direção.

Então Miguel é aquele que nos orienta para o discernimento, por isso é muitas vezes representado pela espada. Literalmente, Miguel significa: "quem é como Deus?"

Só Deus é Deus, só o Absoluto é absoluto, tudo o mais é relativo. Miguel nos ajuda a não entrar na idolatria, a não fazermos, da realidade relativa, uma Realidade Absoluta. É um anjo muito precioso, é o anjo do discernimento que nos permite pôr as coisas no seu lugar e não fazer de uma pessoa, de um livro, de uma doutrina, ou de uma instituição, um Absoluto. Esse é, verdadeiramente, o sentido da transcendência.

Há também Gabriel que é o mensageiro, são as mensagens, as informações que iluminam a nossa vida, a palavra criadora que se encarna em nós.

Rafael é o anjo que encontramos no Livro de Tobias, que quer dizer "Deus cura", é o Deus dos terapeutas. No Livro de Tobias está escrito que o anjo cura acompanhando-o no caminho. O texto também menciona o fel do peixe – poderíamos encontrar neste texto, até certo ponto, a origem da homeopatia. Por vezes, é a partir do veneno que nós podemos curar o veneno, tudo é questão de dosagem.

Uriel é o anjo da terra, aquele que constrói, e isto nos remete ao anjo de Joseph do *Diálogo com os anjos*, aquele que constrói, que coloca as fundações sobre as quais o edifício se pode erguer em direção à luz. É interessante reparar que Joseph, antes do encontro com o anjo, fora materialista; o anjo não destruiu nele esta dimensão do material, porque é a partir dessa matéria que nós podemos nos elevar em direção à luz.

Há o anjo que Lili chama de "aquele que ajuda". Lili vivia muito no afeto, no sentimento. Muitos vinham para junto dela, mesmo no campo de concentração de Ravensbruck. Eles a procuravam porque havia nela uma força que curava, que ajudava. Penso que a presença de Rafael acompanhava o seu anjo.

Todas as mensagens recebidas no *Diálogo com os anjos* passam por Hanna e é através dela que as suas intuições se transformam em palavras. Gitta Mallasz diz que no caráter de Hanna havia qualquer coisa de muito exigente, de muito cortante, por vezes uma grande inteligência. Quando ela recebia as mensagens dos anjos não perdia a razão, ficava sempre lúcida. A sua razão não era destruída, mas abria-se para uma razão mais elevada.

O anjo de Hanna é aquele que mede, e essa é uma das funções do pensamento: medir as coisas, pô-las no seu lugar.

O anjo de Gitta é aquele que irradia e isso já não é do domínio da palavra, é uma irradiação do Ser.

No livro *Diálogo com os anjos* vemos uma quaternidade que é, mais uma vez, uma espécie de irradiação da presença central que no texto húngaro original é chamado de "Ö", "Ele". Para cada um destes anjos "Ele" é o Cristo, o "Eu Sou".

Esta imagem nos lembra que a presença do Ser em nós pode se expressar, predominantemente, através do sentimento, da sensação, da inteligência da razão ou da inteligência intuitiva. É a mesma realidade, a realidade do Único, mas que se reveste de formas diferentes em cada um, que se encarna de formas diferentes em cada um.

A irradiação do Ser aproxima-se ainda um pouco mais, desce até àqueles que chamamos de anjos. Neste nível, vamos encontrar o tema do Anjo da Guarda.

O ser humano está embaixo e o anjo é aquele que, em cada um de nós, vai fazer a ligação com o espaço divino. Alguns dirão que o anjo no homem é aquilo que chamamos de *"noùs"*. É um tema que será muito desenvolvido no *Evangelho de Maria*[8]: a dimensão contemplativa e alada do ser humano. É o ser humano que abre o seu cálice e deixa que todas estas qualidades do Ser o preencham.

Para Jung, a doença ou desequilíbrio psíquico é a falta de integração das nossas funções. Alguns ficam fechados na razão e carecem de coração. Outros têm um coração muito bom, mas falta-lhes a inteligência. Uns têm sensações muito fortes, mas falta-lhes luz; outros, ainda, têm intuições magníficas, mas não estão ligadas à terra.

O importante é integrar todas as nossas funções, e isso é aquilo que Jung chama "a experiência do *Self*". Quando todas as nossas funções estão integradas, então fazemos uma experiência do Ser que se encontra no centro.

No ponto em que nos encontramos é importante lembrarmo-nos de que podemos invocar todas estas manifestações do Ser quando sentirmos a sua falta. Podemos invocar o nosso anjo para que ele nos guie e proteja.

Podemos invocar Miguel quando tivermos necessidade de discernimento.

Podemos invocar Rafael quando precisarmos da cura.

Quando tivermos necessidade de força para nos enraizarmos poderemos invocar Uriel.

Com este ou com outro nome, o que importa é reconhecermos que estas forças estão presentes no coração do universo, e, se as chamarmos, elas vêm. Nós nos tornamos aquilo que invocamos...

---

8. Cf. *O Evangelho de Maria* – Miriam de Magdala. Petrópolis: Vozes, 1998.

É importante invocar os Principados para ter a coragem de dizer "eu" e para respeitar o outro eu.

É importante invocar as Autoridades quando sentimos que aquilo que dizemos não tem autoridade, falta Verdade ou falta "Ser".

É importante, em determinado momento, invocar as Potestades quando já não temos mais energia, quando as nossas forças se esgotaram.

É importante chamar as Dominações, chamar a liberdade, lembrarmo-nos de que somos livres e que não temos outro mestre a não ser Deus, a Realidade Absoluta, e que, por isso mesmo, não temos que nos submeter a uma doutrina, a uma pessoa ou a uma instituição. Só Deus é o Mestre, e todos os mestres que possamos ter na vida estão ao nosso lado, não para nos manter na sua dependência, mas para nos ligar a Ele, a essa Liberdade transcendente que está em cada um de nós.

Quando estamos um pouco fora do eixo é importante que nos lembremos do Trono, que reencontremos o nosso centro vital.

Quando nossa cabeça estiver perturbada, confusa ou na obscuridade, é importante que nos lembremos do Querubim, que nos lembremos dessa inteligência em nós que se deslumbra com Aquilo que É, e que não tem a pretensão de conhecer tudo, que tem o sentido do Infinito que está por ser descoberto.

Quando temos o coração seco, ou fechado, quando estamos com medo, é importante que nos lembremos do Serafim, para encontrarmos um pouco de calor no coração.

Vemos assim que há muitos raios de sol que nos faltam – poderíamos invocar e acolher todas estas qualidades divinas que podem tornar-nos mais humanos, verdadeiramente humanos: à imagem de Deus...

A consciência não se resume aos objetos da consciência ou pensamentos, mas é o Espaço, a Luz na qual os pensamentos aparecem.

O presente não é apenas aquilo que está presente, mas a Presença na qual essas coisas aparecem.

A palavra "eucaristia", em grego, significa: "muito obrigado", agradecer à Vida tudo aquilo que ela nos dá, as suas realidades visíveis e as suas realidades invisíveis.

"Tomai e comei, isto é o meu Corpo". Na tradição hebraica, no tempo de Jesus, o corpo e o pão simbolizavam a ação. "Tomai e comei, isto é o meu Corpo", significa: fazei aquilo que eu fiz e vós sereis aquilo que "Eu Sou".

"Tomai e bebei, isto é o meu Sangue". O vinho e o sangue, no tempo de Jesus, simbolizavam a vida contemplativa. O sangue é a vida íntima. "Contemplai aquilo que eu contemplei e vós sereis aquilo que Eu Sou". Assim, através desta partilha do pão e do vinho, somos convidados a partilhar a ação e a contemplação que Cristo encarnou na história, e que nós também teremos de encarnar na forma que nos é própria.

Na tradição antiga, o fracasso de um amor não é o fracasso do Amor. Algumas pessoas vivem conflitos no seu casamento que as podem levar ao divórcio. O fracasso de um amor não é o fracasso do Amor... a função da Igreja não é a de nos culpabilizar, de nos encerrar em nossos sofrimentos, mas a de nos libertar da culpa, de nos ajudar a reencontrar essa força de Amor que nos é dada sem cessar, através do perdão e da presença de Cristo. Na tradição antiga, antes da separação das Igrejas, os divorciados também podiam comungar e nós temos necessidade de regressar às nossas fontes.

O cristianismo é uma religião desconhecida. Aquilo que conhecemos são tradições bastante recentes que datam do II milênio, mas há todo o I milênio que temos de redescobrir continuamente. No entanto isso não é fácil porque cada um de nós tem, por vezes, memórias que são difíceis de atravessar, ou seja, quando participamos da Eucaristia, nós participamos com todas as nossas memórias, mas também com esta sede da fonte, das origens e do começo do cristianismo...

Eis o Espírito com que poderemos celebrar!

Existe esse trabalho de discernimento, de vigilância, para que não acreditemos em qualquer coisa, em qualquer pessoa!

Ao mesmo tempo, trata-se de permanecermos abertos, abertos àquilo que existe de mais saudável, de mais luminoso, de mais paciente no interior de nós mesmos, a essas qualidades divinas, a essas presenças, a essas forças que podem unir-se a nós lá onde estamos e que nos lembram que nos tornamos aquilo que amamos. Nós nos tornamos aquilo que evocamos, aquilo que invocamos...

Esse pode ser o momento, em nome de toda a humanidade, de chamar sobre nós e sobre todos os seres, um anjo de paz, sabendo que devemos começar fazendo esta paz no interior de nós mesmos, em nossos diferentes quarteirões que se opõem, que fazem a guerra dentro de nós mesmos...

Mas, se pudermos colocar um pouco de paz em nós, haverá ao menos um lugar no mundo onde reinará a paz, e a partir daquilo, que é são, que é feliz, colocar um pouco desta beatitude pela qual somos criados para que ela exista no mundo...

Esse é o momento de chamarmos este anjo sobre nós, sobre aqueles que amamos, sobre aqueles que nos amam, sobre aqueles que nós não podemos mais amar, sobre aqueles que temos dificuldade de suportar... Esse é o momento de pedirmos um acréscimo de lucidez, de compaixão, de justiça, de perdão, de paciência...

O anjo da paciência...

Permanecer presente a esta presença invisível, discreta, oculta que nos acompanha no nosso caminho...

Que os anjos nos acompanhem!

Espiritualidade

COLEÇÃO CLÁSSICOS DA

EDITORA VOZES

Conecte-se conosco:

facebook.com/editoravozes

@editoravozes

@editora_vozes

youtube.com/editoravozes

+55 24 2233-9033

www.vozes.com.br

Conheça nossas lojas:

www.livrariavozes.com.br

Belo Horizonte – Brasília – Campinas – Cuiabá – Curitiba
Fortaleza – Juiz de Fora – Petrópolis – Recife – São Paulo

      Vozes de Bolso

EDITORA VOZES LTDA.
Rua Frei Luís, 100 – Centro – Cep 25689-900 – Petrópolis, RJ
Tel.: (24) 2233-9000 – E-mail: vendas@vozes.com.br